शिया सुन्नी

सैयद शादाब अली

क्रम-सूची

क्रम-सूची

इंतिसाब

अस्सलाम ओ अलैकुम व रहमातुल्लाहे व बराकातहु। अल्लाह के नाम से शुरू जो बड़ा रहमान ओ रहीम है, बड़ी शान वाला है। वो रब ए काबा, जो अहलेबैत को भी ख़ल्क़ करने वाला ख़ालिक़ ए अकबर है। उस अहद ओ वाहिद रब की शान भला क्या बयाँ की जाए की मुहम्मद ओ अली उसके बंदे हैं और उस रब को सजदे करते हैं।

मैं ये किताब इसलिए लिख रहा हूँ क्योंकि शिया-सुन्नी के दरमियान इख़्तिलाफ़ कम और ग़लत-फ़हमियाँ ज़्यादा हैं। मैं इस किताब में उन ग़लत-फ़हमियों को दूर करने की कोशिश कर रहा हूँ जो मैंने खुद, अहले सुन्नत वल जमात के मौलवियों से सुनी हैं। मैं ये नहीं कह रहा की हर एक मौलवी, लोगों को भड़काने या नफरत आम करने की कोशिश करता है लेकिन जो दीन की आड़ लेकर ये गलत काम कर रहे हैं, उन्हें ना रोकना भी हमारी बड़ी गलती होगी। बुराई को आम होते देखना और हक़ जानते हुए भी रोकने की कोशिश ना करना भी, बुराई में हिस्सा लेने के बराबर है।

मैंने ये भी देखा की शिया-सुन्नी के बीच, नफरत की दीवार इतनी बड़ी हो गई की कुछ अहले सुन्नत वल जमात के भाई, इमाम मेहदी अलैहिस्सलाम को शियाओं का इमाम समझकर बुरा भला बोलते हुए भी नज़र आते हैं। कुछ लोग दुश्मनाने अली अलैहिस्सलाम का ज़िक्र इसलिए आम करने में लगे हैं क्योंकि शिया उन्हें बुरा समझते हैं। यानी अब अमल, दीन की बेहतरी और हक़ आम करने की ख़ातिर नहीं बल्कि एक-दूसरे की दुश्मनी में, एक-दूसरे को नीचा दिखाने की गरज़ से किए जा रहे हैं। कहीं कोई मुहर्रम में आशूर के दिन खुशी मनाने की सलाह इसलिए दे रहा है क्योंकि शिया, ग़म ए अहलेबैत मनाते हैं तो कहीं ग़दीर

के दिन कोई ग़म इसलिए मना रहा है क्योंकि शिया, ईद ए ग़दीर मनाते हैं। मेरे अपनों! नफरत में इस क़दर आगे ना बढ़ जाना की शियाओं की मुख़ालिफ़त करते-करते, गुस्ताख़ ए अहलेबैत बन बैठो।

कुरआन और अहलेबैत को थामो की ये ही दो आलम कि कामयाबी पाने का एक वाहिद रास्ता है। अल्लाह हम सबको हक़ दीन पर चलने वाला बनाए।

अल्लाहुम्मा सल्ले अला मुहम्मद व अला आले मुहम्मद

मेरी कलम से

मैंने इस किताब को बड़ी आसान और बोलचाल की भाषा में लिखने की कोशिश की है ताकि किताब पढ़ने वाला हर शख़्स इसे आसानी से समझ सके। मेरी कोशिश बस इतनी है की लोगों को फ़िरक़ावारियत से दूर लाकर, हक़ीक़ी दीन से जोड़ सकूँ।

मैंने कभी किसी से ये नहीं कहा की मेरी बातों को भी बिना तहक़ीक़ के सही मानो बल्कि मैं हमेशा ही इस बात पर ज़ोर देता हूँ की ख़ुद इल्म हासिल करो, तहक़ीक़ करो। दो लोगों के दरमियान किसी बात पर इल्म ओ तहक़ीक़ के बावजूद इख़्तिलाफ़ होना इस बात की दलील है की दोनों ने तहक़ीक़ की है लेकिन इस बात पर आपस में झगड़ा करना, जहालत के सिवा और कुछ नहीं।

ये भी याद रखें की किसी को दलील से अगर गलत साबित ना किया जा सके तो उसपर झूठे इल्ज़ाम लगाना और जानबूझकर उसके मुताल्लिक़ ग़लत-फ़हमियाँ फैलाना, एक बड़ा गुनाह है और मुसलमान ऐसे गुनाहों से दूर ही रहता है।

तो आप भी इस किताब को पढ़िए और ख़ुद तहक़ीक़ कीजिए, मुझे यक़ीन है आप बहुत कुछ समझेंगे और शिया-सुन्नी के दरमियान बनी ये दूरी, कुछ हद तक कम ज़रूर होगी।

1

शिया-सुन्नी इख़्तिलाफ़

शिया और सुन्नी, इस्लाम की दो जमात और दो अलग अक़ीदे हैं। इस्लाम में यूँ तो कई फ़िरक़े हैं लेकिन अगर हम ग़ौर ओ फिक्र करें तो पाएँगे कि सारे फ़िरक़े इन दो के ही जुज़ हैं। मसलन के तौर पर देवबंदी और बरेलवी, भले ही एक दूसरे से अलग होने की बात करें और इनके कई छोटे बड़े अक़ीदे अलग-अलग हों लेकिन बुनियादी अक़ीदा एक ही है। ठीक ऐसे ही बारह इमाम को मानने वाले शियाने अली हों या दाऊदी बोहरे हों, इनके छोटे-बड़े अक़ीदे अलग अलग हो सकते हैं लेकिन बुनियादी अक़ीदा एक ही है।

यूँ तो अहले तशय्यो जमात यानी शिया और अहले सुन्नत वल जमात यानी सुन्नी, दीन ए इस्लाम के दो मज़बूत बाज़ू हैं, जिनका काम दीन ए इस्लाम की हिफ़ाज़त करना और हक़ दीन को आम करना होना चाहिए था लेकिन कुछ मौलवियों और ज़ाकिरों की ना'समझी या पैसों के लिए की गई तकरीरों ने आपस में लड़ाने का काम किया है। अगर आप अहले सुन्नत वल जमात और अहले तशय्यो जमात के उलेमाओं को देखें तो उन्होंने लाख इख़्तिलाफ़ होने के बावजूद भी लोगों को एक करने और

जोड़कर रखने की कोशिश की है।

अहले सुन्नत वल जमात के पास अपने मुहद्दिसों, मोअर्रिख़ीन, मुसन्निफ़ों की किताबें हैं और अहले तशय्यो के पास अपने मुहद्दिसों, मोअर्रिख़ीन, मुसन्निफ़ों की किताबें हैं, दोनों का दावा है कि हमारे बुज़ुर्ग बड़े नेक, परहेज़गार और बड़े ईमान वाले थे और उन्होने तहक़ीक़ के बाद ही कुछ लिखा है लेकिन दोनों की बातों में फ़र्क़ है और ये फ़र्क़ मिटाया नहीं जा सकता। ये कभी ना ख़त्म होने वाले इख़्तिलाफ़ के बावजूद, कमज़कम अक़ीदा ए तौहीद व अक़ीदा ए रिसालत की बुनियाद पर ही सही, दोनों तरफ़ के मुसलमानों को नफरत ख़त्म कर देना चाहिए।

ये बात भी सच है कि शिया-सुन्नी के बीच की खाई को भरा तो नहीं जा सकता लेकिन फिर भी जितना मुमकिन हो, हमें दूरी मिटाने की कोशिश करना चाहिए और दूरी मिटाने के लिए ज़रूरी है उन ग़लत-फ़हमियों को दूर करना, जो मौलवियों ने हमारे दरमियान जानबूझकर पैदा की हैं। मैंने अहले सुन्नत वल जमात को बेहद क़रीब से देखा और जाना है और ये महसूस किया कि हमारे सुन्नी भाईयों के दिलों में बहुत कुछ तो ऐसी ग़लत-फ़हमियाँ हैं, जिनका असल में वजूद ही नहीं। इस किताब में मैं उन्हीं मसलों पर बात करने की और ग़लत-फ़हमियाँ दूर करने की कोशिश करूँगा।

2

मुसलमान एक क्यों नहीं?

कभी कोई कहता है कि हमारा खुदा भी एक, दीन भी एक, नबी भी एक फिर भी मुसलमान, मसलकों में और फ़िर्क़ों-फ़िर्क़ों में क्यों बँटे हुए हैं?, कभी कोई कहता है कि इत्तिहाद की बात करो लेकिन इस पर कोई ग़ौर नहीं करता कि ये कौम मुंतशिर हुई ही क्यों?, जो कौम, हज़रत इमाम हुसैन अलैहिस्सलाम के पुकारने पर, हलमिन नासिर यनसुरना की सदा पर एक नहीं हो सकी, वो हमारे और आपके कहने पर एक तो नहीं हो सकती लेकिन फिर भी जिस तरह इमाम सज्जाद अलैहिस्सलाम ने खुत्बों के ज़रिए, लोगों को बेदार करने की कोशिश की थी, उसी तरह इमाम की सुन्नत पर अमल करते हुए, हक़ की तरफ बुलाना चाहिए, इस उम्मीद पर की शायद किसी को हिदायत मिल जाए।

लोग कहते हैं, तौहीद की बिना पर एक हो जाओ, रिसालत की बुनियाद पर एक हो जाओ, कुरआन के लिए एक हो जाओ वगैरह-वगैरह। मेरे अपनों, तौहीद, रिसालत, कुरआन, शरियत व अरकान को तो सारे मुसलमान मानते हैं, चाहे वो शिया हों या सुन्नी हों। इन मसलों पर ना तो इख़्तिलाफ़ है और ना ही ये दूरी की वजह हैं। तो मुंतशिर होने के पीछे

जिस मसले का तआल्लुक़ ही नहीं, उसकी दुहाई देकर, लोगों को एक कैसे किया जा सकता है?, फिर दूरी की वजह क्या है?

मेरे अपनों! दूरी की वजह ये है की हममें से किसी-किसी फ़िरक़े ने विलायत को माना ही नहीं और किसी ने माना तो उस तरह नहीं माना, जिस तरह मानने का हक़ था। मुंतशिर होने की वजह अक़ीदा ए तौहीद या अक़ीदा ए रिसालत में इख़्तिलाफ़ नहीं बल्कि विलायत को ना मानना है।

रसूलुल्लाह सल्लललाहु अलैहे व आलिही व सल्लम ने ग़दीर ए ख़ुम में ऐलान ए आम कर दिया कि अली अलैहिस्सलाम सबके मौला हैं। विलायत ओ इमामत के सरदार हैं। लेकिन लोगों ने नबी करीम सल्लललाहु अलैहे व आलिही व सल्लम का ज़ुबानी तौर पर तो इकरार किया लेकिन अमल ओ आमाल से इंकार किया। इसी तरह जब रसूलुल्लाह सल्लललाहु अलैहे व आलिही व सल्लम ने, उम्मत को हुक्म दिया कि दो गिराँक़द्र चीज़ों को थामकर रखना, अल्लाह की किताब यानी कुरआन और मेरी इतरत यानी अहलेबैत को तो लोगों ने इस पर अमल नहीं किया हालाँकि रसूलुल्लाह ने तो यहाँ तक कहा था कि जब तक तुम इन्हें थामकर रखोगे, गुमराह ना होगे। लेकिन अफसोस लोगों ने सबसे पहले इन्हीं दो गिराँक़द्र चीज़ों से मुँह मोड़ लिया, नतीजा ये निकला की लोग गुमराह हो गए और फ़िर्क़ों में बँट गए।

आज के दौर में देख रहा हूँ कि लोग अहलेबैत अलैहिस्सलाम के मुक़ाबले में सहाबा रज़ियल्लाहो अन्हुम को और कुरआन के मुक़ाबले में अपने मसलकी मौलवियों की लिखी किताबों को लेकर आते हैं। जबकि ये बात हक़ है कि जब रसूलुल्लाह सल्लललाहु अलैहे व आलिही व सल्लम ने ये हुक्म दिया था कि गुमराही से बचने, कुरआन व अहलेबैत को

थामो तब ये हुक्म सहाबा रज़ियल्लाहो अन्हुम को ही दिया था और आप सहाबाओं के ज़रिए ही ये अक़ीदा नस्ल दर नस्ल, हम तक पहुँचा है लेकिन अफसोस की बात तो ये है कि आज लोग अहलेबैत ए रसूल के मुक़ाबले में सहाबाओं को रख रहे हैं। ठीक इसी तरह मौलवियों की किताबों को हुज्जत बनाते हैं जबकि कुरआन के अलावा किसी किताब को सौ फीसद सहीह नहीं माना जा सकता लेकिन अफसोस! लोग कलाम ए खुदा के मुक़ाबले में मौलवियों की रिवायतें पेश करने से भी बाज़ नहीं आते।

तो मेरे अपनों! मुझे मालूम है की इत्तिहाद आसानी से तो नहीं हो सकेगा फिर भी कह रहा हूँ, "मेरे कहने पर भी कोई बात ना मानो लेकिन खुद तहक़ीक़ करो तो पाओगे कि ये उम्मत तब तक एक नहीं हो सकती जब तक कुरआन ओ अहलेबैत को थामकर ना चलने लगे और ये ही खुदा तक जाने की एक वाहिद राह है। तौहीद, नबूवत, रिसालत के साथ-साथ ज़रूरी है कि हम विलायत ओ इमामत को भी थामने वाले बनें। अल्लाहुम्मा सल्ले अला मुहम्मद व अला आले मुहम्मद।

3

शिया मुसलमान ही नहीं

मैंने एक-दो नहीं बल्कि सैंकड़ों सुन्नी मौलवियों को ये कहते हुए सुना है कि शिया, मुसलमान ही नहीं हालाँकि अहले तशय्यो, सुन्नियों को मुसलमान ही मानते हैं। क्या हमारे मौलवी हज़रात खुद, इस्लाम को नहीं समझते?, या फिर उन्हें मुस्लिम/मुसलमान होने या मोमिन होने का मतलब नहीं मालूम?, या फिर ये सबकुछ जानते हुए भी जानबूझकर ऐसी बातें आम करते हैं?, अगर, शिया मुसलमान नहीं हैं तो क्यों नहीं हैं?

अहले तशय्यो भी अल्लाह की तौहीद पर, नबियों की नबूवत पर ईमान रखते हैं, फरिश्तों को मानते हैं, अल्लाह की आसमानी किताबों को मानते हैं, ग़ैब में मानते हैं, तक़दीर में मानते हैं। वो भी ईमान रखते हैं और नमाज़, रोज़ा, हज, ज़कात भी अदा करते हैं। अगर वो इस बिना पर काफ़िर ठहराए जा रहे हैं कि उन्होंने विलायत को भी ईमान का हिस्सा माना है तो यक़ीनन हर सुन्नी कहलाने वाला वली और मोमिन भी काफ़िर ही हुआ क्योंकि विलायत ए अली को हर दौर में हर एक वलीयुल्लाह ने माना है और आज भी मोमिन इसे ईमान का ज़रूरी हिस्सा समझते हैं। अगर उन्हें काफ़िर ठहराने की वजह ये ही है तो

मौलवी साहब को अपने अक़ीदे और इल्म को ठीक करना चाहिए।

अगर शियाओं को काफ़िर ठहराए जाने की वजह ये है कि वो बाद ए रसूल सल्लललाहु अलैहे व आलिही व सल्लम, मौला अली अलैहिस्सलाम को अफ्ज़ल मानते हैं, तो बहुत सारे सहाबी ए रसूल का भी ये ही अक़ीदा रहा है, मसलन के तौर पर हज़रत सलमान फारसी, हज़रत अबु ज़र गफ़्फ़ारी, हज़रत मिक़्दाद वगैरह। और अहले सुन्नत में भी ये अक़ीदा शुरू से ही रहा है अलबत्ता ये कि अहले सुन्नत की छह मोअतबर हदीस की किताबों में से एक सुन्नान इमाम नसाई में हज़रत हसन अलैहिस्सलाम का एक ख़ुत्बा मौजूद है जो आपने मौला अली अलैहिस्सलाम के विसाल व पर्दा फरमाने पर दिया था और उस ख़ुत्बे से साफ़ ज़ाहिर है की इमाम हसन अलैहिस्सलाम, बाद ए रसूल, अली अलैहिस्सलाम को अफ्ज़ल मानते थे।

अगर शियाओं को काफ़िर ठहराने की वजह ये है कि वो 1-2 लाख सहाबाओं में से 4-6 को सहाबा नहीं मानते तो ये भी गलत है क्योंकि किसी सहाबा को मानना या ना मानना, ईमान का हिस्सा नहीं हालाँकि कुरआन व अहलेबैत को थामना ज़रूरी है और सहाबा रज़ियल्लाहु अन्हुम के लिए भी ज़रूरी था।

अगर कोई शिया अबुल यज़ीद वग़ैरह को गाली देता है तो ये गलत है क्योंकि शरीफ़ व इज़्ज़तदार आदमी को चाहिए की वो गाली ना बके बल्कि इल्म व दलील की रौशनी में अपनी बात कहे। हालाँकि इस बात में भी कोई शक नहीं कि मौला अली अलैहिस्सलाम को मुआविया के दौर में मिम्बरों से गालियाँ, लानत दी जाती थीं और उनपर लान-तान किया जाता था। अगर सहाबा को बुरा बोलना, काफ़िर ठहराए जाने की दलील है तो फिर मुआविया यानी अबुल यज़ीद ही वो शख़्स है जिसने

सबसे पहले अहले सुन्नत के नज़दीक़ बड़े सहाबाओं में से एक, मौला अली अलैहिस्सलाम को गालियाँ दीं, बुरा कहा और मिम्बरों से इस घटिया तरीके को आम भी कराया। लेकिन अफसोस की मौला अली अलैहिस्सलाम जैसे बड़े सहाबा (सुन्नियों के नज़दीक़ चौथे ख़लीफ़ा ए राशिद, अज़ीम सहाबा और शियाओं के नज़दीक़ पहले इमाम और अहलेबैत ए रसूल) को गालियाँ देने और दिलवाने वाले को रज़ियल्लाहु बना दिया और उस अबुल यज़ीद को बुरा कहने वालों को काफ़िर ठहरा दिया। तो शियाओं को काफ़िर कहने के लिए ये वजह भी काफी नहीं।

अब अगर उन्हें काफ़िर ठहराने की वजह ये है कि उनकी शरियत के कुछ मसले, सुन्नियों की शरियत से अलग हैं या उनके नमाज़ अदा करने का तरीक़ा, अलग है या वो रोज़ा, अलग वक़्त पर खोलते हैं वगैरह, तो ये वजह भी काफ़िर ठहराने काफी नहीं क्योंकि अहले सुन्नत में ख़ुद चार अलग-अलग फिक़्ह हैं और फिर उस फिक़्ह के अंदर भी अलग-अलग जमातें हैं, जिनके नमाज़ पढ़ने के तरीके से लेकर, शरियत के मसलों में तक फर्क है। इसके अलावा कुछ लोग ग़ैर मुक़ल्लिद कहलाते हैं, यानी इन चारों में से किसी एक इमाम को नहीं मानते, बल्कि अपने हिसाब से तहक़ीक़ करके, उन्हें जो सही लगता है वो मानते हैं, उनका अक़ीदा, शरियत के मसले व तरीका और अलग है।

क़ुरआन ओ अहलेबैत को थामकर, तौहीद, रिसालत, विलायत को थामकर, इमामत के दिखाए रास्ते पर चलने वाला हर बंदा, मुसलमान है और जब ये मुसलमान, मवद्दत ए अहलेबैत में सरशार होकर, अपने रब की मारिफ़त करने के लिए मेहनतें करने लगता है और आदमी से इंसान बनकर, खुदकी मारिफ़त कर लेता है तब वो सही मायने में अशरफुल मख़्लूक़ बन जाता है, उसके अमल ओ आमाल से लेकर नियत व सोच तक पाक हो जाती है और वो क़ुरआन ओ अहलेबैत को थामने की वजह से मुसलमान से मोमिन बन जाता है। चाहे शिया हो, चाहे सुन्नी हो,

जो कुरआन ओ अहलेबैत ए रसूल को थामकर चलेगा वो मुसलमान/ मुस्लिम और मोमिन ही बनेगा।

मेरे अपनों! किसी मौलवी के पीछे आँख बंद करके मत चलो क्योंकि किसी की भी अँधभक्ति करना, सिवाय नुकसान के और कुछ नहीं देता। इल्म हासिल करो, तहक़ीक़ करो। खुलकर हक़ बयान करो चाहे बात, हमारे खुदके ही खिलाफ़ क्यों ना चली जाए और गलत का रद्द करो चाहे हमारे खुदके अक़ीदे का रद्द ही क्यों ना हो जाए। अपनी गलती को मानकर, तौबा कर लेने वाला बंदा ही बुलंदियों तक पहुँच सकता है। अल्लाह रब उल इज़्ज़त! हम सबको दीन के नाम पर परोसे जा रहे झूठ व मकर से बचाए, नफरतों से बचाए, हक़ की तलाश करने वाला, इल्म हासिल करने वाला और तहक़ीक़ करने वाला बनाए।

4

चार या बारह इमाम

बहुत सारे सुन्नी भाईयों को ये कहते हुए सुना है कि सुन्नियों के चार इमाम होते हैं, और उनके चार फिक्ह हैं, जिसमें से किसी एक फिक्ह की पैरवी करना, हर मुसलमान पर फ़र्ज़ है। उन चार इमामों के नाम ये हैं - हज़रत नोमान बिन साबित (हनफी), हज़रत मालिक बिन अनस (मालिकी), हज़रत मुहम्मद इब्न इदरीस (शाफई), हज़रत अहमद बिन हम्बल (हम्बली)

जिन्हें ना मालूम हो उन्हें बता दूँ की हज़रत मालिक, हज़रत शाफई के उस्ताद हैं और हज़रत शाफई, हज़रत अहमद बिन हम्बल के उस्ताद हैं। हज़रत नोमान और हज़रत मालिक ने एक दौर पाया और ये दोनों ही इमाम जाफ़र सादिक़ अलैहिस्सलाम को अपना उस्ताद मानते थे। वो ही इमाम जाफ़र सादिक़ अलैहिस्सलाम जो हज़रत हुसैन अलैहिस्सलाम के परपोते हैं और शियाने अली अलैहिस्सलाम जिन्हें छटवाँ इमाम मानते हैं।

शिया हज़रात, जिन बारह इमामों को मानते हैं उनके नाम हैं - इमाम अली अलैहिस्सलाम, इमाम हसन अलैहिस्सलाम, इमाम हुसैन

अलैहिस्सलाम, इमाम अली ज़ैनुल आबिदीन (सज्जाद) अलैहिस्सलाम, इमाम मुहम्मद बाकिर अलैहिस्सलाम, इमाम जाफ़र सादिक़ अलैहिस्सलाम, इमाम मूसा काज़िम अलैहिस्सलाम, इमाम अली रज़ा (रिज़ा/रिद'आ) अलैहिस्सलाम, इमाम मुहम्मद तक़ी अलैहिस्सलाम, इमाम अली नक़ी अलैहिस्सलाम, इमाम हसन असकरी अलैहिस्सलाम, इमाम मुहम्मद मेहदी अलैहिस्सलाम।

अब मैं सुन्नी भाईयों से कहना चाहता हूँ की आप ज़रा इन नामों को देखकर फिक्र करें कि इन आईम्मा ए अहलेबैत अलैहिस्सलाम में वो कौनसा इमाम है, जो अहले सुन्नत वल जमात के नज़दीक़ इमाम नहीं?, सुन्नी हज़रात भी जब हज़रत हसन व हज़रत हुसैन का नाम लेते हैं तो इमाम हसन व इमाम हुसैन ही कहकर पुकारते हैं और इमाम मेहदी को भी इमाम कहकर ही पुकारते हैं। लेकिन बाकि इमामों को इमाम कहना चाहें तो मौलवी ये कहकर रोक देता है की फलाँ तो शियाओं के इमाम हैं।

दरअसल जिन्हें मौलवी, शियाओं का इमाम बताता है, वो आईम्मा ए अहलेबैत ही हक़ीक़ी इमाम हैं और किसी एक कौम के नहीं बल्कि तमाम उम्मत ए मुहम्मद सल्लललाहु अलैहे व आलिही व सल्लम के इमाम हैं, इस्लाम के इमाम हैं। यहाँ पर एक और बात बड़ी ग़ौर ओ फिक्र करने लायक है और वो ये कि जब रसूलुल्लाह सल्लललाहु अलैहे व आलिही व सल्लल ने गुमराही से बचने के लिए क़ुरआन व अहलेबैत अलैहिस्सलाम को थामने का हुक्म दिया था, तो फिर आईम्मा ए अहलेबैत को छोड़कर लोगों ने उन चार को इमाम क्यों माना कि जो अहलेबैत में शामिल ही नहीं?, अलबत्ता की उनकी इताअत को फर्ज़ करार दिया जबकि अल्लाह, उसके रसूल और उलिल अम्र यानी आईम्मा ए अहलेबैत के अलावा किसी की इताअत करना फर्ज़ नहीं। ऐसा नहीं की मैं इन चार हज़रात के लिए दिल में कोई बुराई रखता हूँ लेकिन ये चारों मेरी निगाह में इमाम जाफ़र सादिक़ अलैहिस्सलाम के सैंकड़ों शागिर्दों में से हैं या शागिर्दों के

शागिर्दों में से हैं।

तो मेरे अपनों! फिर वो ही एक बात कहूँगा कि मेरी भी बात को यूँ ही ना मानो बल्कि खुद तहक़ीक़ करो और इस सवाल का जवाब ढूँढो की आख़िर क्या वजह है कि जिन इमाम जाफ़र सादिक़ को हज़रत नोमान और हज़रत मालिक जैसे लोगों ने अपना इमाम व उस्ताद कहा और वो इतरत ए मुहम्मद सल्लललाहु अलैहे व आलिही व सल्लम से भी थे, इसके बावजूद उन्हें ना थामकर उनके ही दौर के किन्हीं दो दूसरे लोगों को (जो इनके ही सैंकड़ों शागिर्दों में से थे) इमाम कहकर मशहूर किया गया और फिक्ह ए जाफ़री भुला कर उसे शिया की तरफ मंसूब कर दिया गया?, क्या ये तआज्जुब की बात नहीं कि शिया जिन बारह को इमाम मानते हैं वो बारह के बारह, आल ए रसूल हैं और सुन्नी, जिन चार को इमाम मानते हैं, उनमें से एक भी आल ए रसूल नहीं?

आप शिया हो या सुन्नी! याद रखो! क़ुरआन ओ अहलेबैत अलैहिस्सलाम को थामना ही कामयाबी की एक वाहिद राह है। अल्लाह रब उल इज़्ज़त, हम सबको आईम्मा ए अहलेबैत ए रसूल सल्लललाहु अलैहे व आलिही व सल्लम की इताअत करने वाला बनाए।

5

शियाओं का कलमा

मैंने बहुत सारे सुन्नी आलिमों को ये कहते हुए सुना है कि शियाओं का तो कलमा भी हमसे अलहयदा है लिहाज़ा वो मुसलमान ही नहीं जबकि मैंने तहक़ीक़ की तो पाया की शियाओं का कलमा ए शहादत और सुन्नियों का कलमा ए शहादत एक सा है। कलमा ए तय्यब पढ़ते वक़्त अगर अहले सुन्नत वल जमात के लोग, "ला इलाहा इल्लललाह, मुहम्मदुर्रसूलउल्लाह", पढ़ते हैं तो शिया भी "ला इलाहा इल्लललाह, मुहम्मदुर्रसूलउल्लाह", ही पढ़ते हैं। हाँ अहले तशय्यो के ज़्यादातर लोग कलमे में "अलीयुन वलीयुल्लाह" भी शामिल करते हैं, तो इससे अलहयदा हो गया?, क्या उनके कलमें में तौहीद व रिसालत का जिक्र या गवाही या अक़ीदा शामिल नहीं?, क्या उन्होंने अली अलैहिस्सलाम की विलायत का दावा या ऐलान, तौहीद ओ रिसालत के पहले किया है?, क्या सुन्नी मुसलमान, "अलीयुन वलीयुल्लाह" यानी अली अलैहिस्सलाम, अल्लाह के वली हैं, ये नहीं मानते?

जहाँ तक मेरी तहक़ीक़ और इल्म है, सारे सुन्नी मुसलमान भाई ना सिर्फ़ मौला अली अलैहिस्सलाम को वली मानते हैं बल्कि वलियों का सरदार भी मानते हैं।, तो जो बात अहले सुन्नत वल जमात के अक़ीदे का हिस्सा है, उस बात को कोई तौहीद ओ रिसालत के बाद कह दे तो अलहयदा कैसे

हो गया?

मिसाल के तौर पर दरूद शरीफ़ पढ़ना एक बेहतरीन अमल व इबादत है लेकिन अज़ान के अल्फ़ाज़ में दरूद शरीफ़ शामिल नहीं, अहले सुन्नत वल जमात के कुछ फ़िरक़े तो अल्लाहु अकबर से अज़ान शुरू करके ला इलाहा इल्ललाह पर मुकम्मल कर देते हैं लेकिन अहले सुन्नत वल जमात के कुछ फ़िरक़े वाले, माईक पर दरूद पढ़ते हुए अज़ान देते हैं। मैं किसी को गलत नहीं कह रहा हूँ लेकिन तआज्जुब की बात ये है हमारे सुन्नी भाईयों के नज़दीक़ अज़ान से पहले दरूद शरीफ़ पढ़ना, अज़ान में बढ़ावा करना नहीं लेकिन शियाओं का अज़ान में, "अलीयुन वलीयुल्लाह" कह देना, अज़ान में बढ़ावा करना और बदलाव करना हो जाता है।

कुछ लोग यहाँ तक भी कहते हैं कि अज़ान में दरूद पढ़ दी तो क्या बिगड़ गया?, जी कुछ नहीं बिगड़ा और अलीयुन वलीयुल्लाह कहने से भी कुछ नहीं बिगड़ा। फिर आपको एक चीज़ पसंद और दूसरी चीज़ बर्दाश्त के बाहर क्यों लगती है?, अहले तशय्यो जमात के नज़दीक़, अज़ान में अलीयुन वलीयुल्लाह की गवाही देना ज़रूरी है, वाजिब है और इसमें किसी को कोई तकलीफ़ भी नहीं होना चाहिए थी लेकिन बुग्ज़ ए अली अलैहिस्सलाम में आगे बढ़ चुके लोग, ये भी नहीं समझ पाते हैं की शियाओं की मुख़ालिफ़त की ज़िद उन्हें कहाँ तक खींच लाई।

अगर आप कभी गुलबर्गा जाएँ और हज़रत सैयद मुहम्मद बिन युसुफ अल हुसैनी यानी हज़रत ख्वाजा बंदा नवाज़ गेसू दराज़ रहमातुल्लाह आलेह के आस्ताने पर पहुँचें तो आप पाएँगे की आपके मज़ार के बाब पर कलमा लिखा हुआ है, "ला इलाहा इल्ललाह, मुहम्मदुर्रसूलउल्लाह अलीयुन वलीयुल्लाह", तो ऐसे कितने मोमिन बुज़ुर्गों को काफ़िर, शिया,

राफ़ज़ी साबित करते फिरोगे और ऐसा करके तुम्हें क्या फायदा पहुँचेगा सिवाय दुनियावी चंदे के?, अजमेर को अपना आस्ताना बनाने वाले हज़रत ख्वाजा मोईनुद्दीन रहमातुल्लाह आलेह तो "दीन अस्त हुसैन", यानी हुसैन को ही दीन कह गए हैं। तो मेरे अपनों! मौलवियों के बहकावे से बाहर आओ और खुद इल्म हासिल करना, तहक़ीक़ करना और मारिफ़त हासिल करने के लिए मेहनतें करना शुरू करो। अल्लाह रब उल इज़्ज़त हम सबको अपने हबीब व हबीब के हबीब यानी मुहम्मद ओ आल ए मुहम्मद से मुहब्बत और वफा करने वाला बनाए।

6

कुरआन के 30 या 40 पारे

सबसे पहले तो आपको एक बात बता दूँ कि मेरे पास शिया कौम के पब्लिकेशन हाउस और सुन्नी कौम के पब्लिकेशन हाउस, दोनों का प्रिंटेड कुरआन भी है और कुरआन का तर्जुमा भी, दोनों बिल्कुल एक से हैं। लेकिन मैंने कई अहले सुन्नत वल जमात के मौलवियों को ये कहते हुए सुना है कि, "शियाओं का कुरआन, हमारे कुरआन से अलग होता है।", ये ही मौलवी एक इल्ज़ाम और लगाते हैं कि शियाओं का अक़ीदा है, "इमाम मेहदी जब आएँगे तो अपने साथ, 10 पारे और लाएँगे।", हालाँकि ये फिज़ूल, मनघढ़ंत बातें हैं, जिन्हें सुनकर हँसी भी आती है और अफसोस भी होता है।

सबसे पहले बात करते हैं कुरआन की तो वो मैंने पहले ही बता दिया कि कुरआन सबका एक ही है। अब बात करते हैं पारों की, तो कुरआन एक किताब है, उसमें पारे इसलिए बनाए गए ताकि पढ़ने में आसानी रहे। जैसे पाँच-पाँच पारों का सैट भी आता है, तीस पारों का सैट भी आता है और 1 किताब की शक्ल में भी कुरआन आता है। यानी तीन तरह के कुरआन आज भी आते हैं और लोग उन्हें लेकर पढ़ते हैं लेकिन तीनों को

अगर मिलाकर देखें तो उनमें आयतें बराबर और एक सी ही होती हैं। लोगों को ये भी नहीं मालूम है कि कुरआन में तीस पारे बनाने का हुक्म ना तो ख़ुदा ने दिया है और ना ही नबी ने। ये तो बाद ए रसूल लोगों ने ख़ुद अपने हिसाब से पारे बनाए हैं। (यानी कुरआन को Parts में divide कर दिया)

हालाँकि अहले सुन्नत वल जमात और अहले तशय्यो, दोनों ही जमात इस बात पर मुत्ताफ़िक़ हैं कि कुरआन मुकम्मल है, उसमें कोई बदल नहीं किया गया है लेकिन इसे अलग तरतीब से जमाया गया है यानी कुरआन जिस तरह रसूल ए ख़ुदा पर नाज़िल हुआ, उस तरह ना जमाकर, इसे अलग तरतीब से जमाया है और इसे पारों में बाँटा है।

अब ऐसा किसके दौर में किया गया?, क्यों किया गया?, कैसे किया गया?, करने वाले कौन थे?, कराने वाले कौन थे?, इससे क्या फर्क पड़ा?, क्या ये करना सही था?, वगैरह वगैरह। अगर इस मसले से जुड़े इन सवालों पर मैं बात करना चाहूँ तो शायद एक पूरी किताब इसी एक मसले पर लिखी जा सकती है। आप तारीख़ में इस मसले को पढ़ सकते हैं या कभी और इस पर लिखूँगा।

मैं जिस मसले पर बात कर रहा था, उसे ही जारी रखूँगा। तो मुसलमानों ने कुरआन को एक ही किताब की शक्ल में भी रखा, पाँच-पाँच पारों में भी बाँटा और तीस पारों में भी लेकिन आयतें कम ज्यादा नहीं कीं, कुरआन मुकम्मल ही रखा। अब अगर कोई पाँच-पाँच पारों का सैट देखकर कहे की कुछ मुसलमान 6 पारे बस मानते हैं जबकि वो छह ज़ाहिर दिखने वाले पारों में हर एक पारे के अंदर भी 5 पारे हैं (6×5=30), तो मेरे नज़दीक़ वो जाहिल होगा।

वैसे तो शियाओं में 40 पारे होने का मुझे कहीं कोई सबूत या दलील नहीं मिल सकी लेकिन फिर भी इस्लाम में 40 का अदद बड़ा अच्छा माना जाता है तो मान लो की कोई बुज़ुर्ग हों जो 40 रातों में कुरआन की तिलावत करते हों और उन्होंने कुरआन में कोई कमी-बेशी किए बग़ैर उसे 40 हिस्सों में पारा कर लिया हो की रोज़ इतनी-इतनी तिलावत करूँगा तो इसमें हर्ज़ ही क्या है?

अब कुछ लोग कहते हैं कि शियाओं का दावा है, जब इमाम मेहदी अलैहिस्सलाम ज़ुहूर करेंगे तो 10 पारे और साथ लाएँगे। ये महज एक मनघढ़ंत अफवाह है, इस पर भी तहक़ीक़ की जानी चाहिए कि मौलवी हज़रात, भोली-भाली आवाम के दिलों में झूठी बातें क्यों घोल रहे हैं?, क्या नफरत फैलाना ही इनका मक़सद है?, बहरहाल, ये 40 पारों वाली बात तो झूठी है लेकिन ये ज़रूर हो सकता है कि जब इमाम मेहदी अलैहिस्सलाम का ज़ुहूर हो और वो ग़ैबत की दुनिया से निकलकर इस ज़ाहिरी दुनिया में तशरीफ़ लाएँ तो आपके साथ वो कुरआन हो जो मुहम्मद रसूलुल्लाह पर नाज़िल हुआ यानी असल तरतीब में जमा हुआ।

अल्लाह रब उल इज़्ज़त हम सबको, मौलवियों की मधघढ़ंत बातों से बचाए। अल्लाह रब उल इज़्ज़त हम सबको, कुरआन की तिलावत करने वाला बनाए और हम सबको कुरआन का हक़ अदा करने वाला बनाए। अल्लाहुम्मा सल्ले अला मुहम्मद व अला आले मुहम्मद।

7

अली को ख़ुदा मानना

अगर हम शिया हज़रात की अज़ान के कलिमात सुनें या उन्हें कलमा पढ़ते हुए देखें तो हम पाएँगे कि वो अली अलैहिस्सलाम को वलीयुल्लाह मानते हैं और ज़ाहिर सी बात है कि अल्लाह होना और वलीयुल्लाह होना, दो अलग बातें हैं लेकिन नफरत फैलाने के शौकीन कुछ मौलवियों ने खुद को सही और दूसरों को गलत साबित करने के लिए, झूठ पर झूठ गढ़ा और इल्ज़ामात लगाए। अगर हम ग़ौर करें तो पाएँगे कि अहले सुन्नत वल जमात के उलेमा और लोग तो बहुत अच्छे हैं लेकिन उनके कुछ फ़िरक़े के मौलवी, खुदको सही सुन्नी साबित करने की कोशिशों में दूसरों को गलत साबित करते हैं हालाँकि वो खुद अपने मौलवी और बुज़ुर्गों को खुदा की तरह मानते हैं और शिया कौम तो क्या वो सुन्नी कौम के दूसरे फ़िरक़ों को तक काफ़िर-काफ़िर कहते हैं।

हर मुसलमान चाहे वो शिया हो या सुन्नी, तौहीद को मानता है, अगर हम सूरः इख़्लास ही देखें तो पाएँगे कि इस सूरः में अल्लाह रब उल इज़्ज़त की मारिफ़त के लिए बड़ी ख़ास आयात आई हैं। और इसे पढ़कर, समझकर हर बंदा ए खुदा, ये जानता और मानता है कि अल्लाह एक है। अल्लाह बरहक़ और बेनियाज़ है, उसे किसी की ज़रूरत नहीं, ना अल्लाह किसी का वालिद है और ना किसी का बेटा है। उसका कोई साथी या

हमसर नहीं। जबकि मौला अली अलैहिस्सलाम से आला तो मुहम्मद सल्ललल्लाहु अलैहे व आलिही व सल्लम हैं, मौला अली अलैहिस्सलाम ने फरमाया कि मेरा इल्म, लुआब ए दहन ए रसूल है यानी आपने मौला मुहम्मद को वफ़ादारी के साथ अपना सरपरस्त माना। आप मौला अली अलैहिस्सलाम के वालिद भी हैं, हज़रत अबु तालिब और इमाम हसन और इमाम हुसैन जैसे बेटे और ज़ैनब ओ उम्मे कुलसुम जैसी बेटियाँ भी हैं। अम्मा फातिमा सलामुल्लाह अलैहा आप अली अलैहिस्सलाम की ज़ौजा हैं, हमसफ़र हैं। तो मौला अली अलैहिस्सलाम को खुदा मानने का इल्ज़ाम लगाना अपने आप में जहालत है।

हाँ, ये हक़ीक़त है कि नुसेहरी होते हैं और उनके अक़ीदे में अली अलैहिस्सलाम को खुदा माना जाता है लेकिन उनका शिअत से कोई तआल्लुक़ नहीं। फिर भी अगर कोई ये दलील दे कि नुसेहरी शियाओं में से ही निकले हैं इसलिए शिया हैं तो याद रखना की मिर्ज़ा गुलाम अहमद क़ादियानी भी सुन्नियों में से ही निकला है और आज उसके मानने वाले, नुसेहरियों से ज़्यादा हैं। हालाँकि मैं किसी पर झूठे इल्ज़ामात नहीं लगाता और मुझे मालूम है की जिस तरह सुन्नियों में से निकलकर भी क़ादियानी, सुन्नियत से ख़ारिज हैं, वैसे ही नुसेहरी भी शिअत से ख़ारिज हैं।

यूँ तो कुरआन में और इस दुनिया में भी, अल्लाह रब उल इज़्ज़त की तौहीद की कई निशानियाँ हैं लेकिन फिर भी एक निशानी की बात कर रहा हूँ, अल्लाह को ना नींद आती है और ना उबासी जबकि मौला अली अलैहिस्सलाम तो बिस्तर ए शब ए हिजरत में नबी सल्ललल्लाहु अलैहे व आलिही व सल्लम की जगह सोए हैं।

मौला अली अलैहिस्सलाम ने हमेशा खुदको बंदा ए रब ए काबा कहा, दिन रात अल्लाह के दीन की मेहनत व हिफाज़त में लगाए और हमेशा अपने रब को सज्दा किया। जो भी शख़्स, अल्लाह के अलावा किसी को खुदा और मुहम्मद रसूलुल्लाह के अलावा किसी को नबी मानता है, उसका शिया व सुन्नी दोनों के उलेमा ही रद्द करते हैं। इस तरह की अहमक़ाना बातें करने से और झूठे इल्ज़ामात लगाने से, मौलवियों को बचना चाहिए।

8

गलती से नबी बनना

अगर आपने पहले ये नहीं सुना है तो यक़ीनन आपको पढ़कर बड़ी हैरानी होगी, अहले सुन्नत वल जमात के कई मौलवी साहब ये भी बताते हैं कि, "शिया कौम का ये अक़ीदा है की अल्लाह तो अली अलैहिस्सलाम को नबी बनाना चाहता था और वही लेकर जिब्रील को अली अलैहिस्सलाम के पास भेजा लेकिन उन्होंने गलती से मुहम्मद रसूलुल्लाह सल्लललाहु अलैहे व आलिही व सल्लम को वही दे दी और वो नबी बन गए।"

ऐसी अहमक़ाना बातें सुनकर समझ भी नहीं आता कि इनकी बातों पर हँसा जाए या इनकी जहालत पर अफसोस किया जाए। इन्हें तो ये भी एहसास नहीं की बुग़्ज़ में शिया कौम पर इतना बड़ा इल्ज़ाम लगाकर ये दरहक़ीक़त तौहीद, नबूवत, रिसालत, फरिश्तों सबका मज़ाक बना बैठते हैं। झूठों पर अल्लाह की लानत हो।

पहली बात तो ये कि शियाओं की किसी मोअतबर किताब में ऐसा नहीं लिखा और ना ही शियाओं के उलेमा ने कभी, ऐसा कोई दावा किया है। दूसरी बात ये की अगर इसे लॉजिक़िल भी सोचा जाए तो ये मुमकिन ही कैसे है की अल्लाह रब उल इज़्ज़त से बताने में या जिब्रील अमीन

से पहचानने में गलती हो जाए। अलबत्ता ऐसा सोचना भी ईमान का दम खुद घोंट देने के बराबर है। फिर अगर मौलवी साहब की इस अहमक़ाना बात पर यक़ीन भी कर लिया जाए तो उस अल्लाह के लिए गलती को ठीक करने में कितना वक़्त लगता जो कुन का मालिक है। नबूवत ओ रिसालत कोई आम चीज़ नहीं की गलती से किसी को अता कर दी जाए।

मैंने तहक़ीक़ की और पाया कि शिया हज़रात तो, मौला अली अलैहिस्सलाम को वलीयुल्लाह मानते हैं, सरदार ए इमामत मानते हैं, वारिस ए दस्तार ए रसूल मानते हैं और बड़े फख़्र से बताते हैं कि अली अलैहिस्सलाम का मक़ाम बाद ए रसूल मुहम्मद सल्लललाहु अलैहे व आलिही व सल्लम आता है। अली अलैहिस्सलाम को शिया हज़रात, जब नबी ही नहीं मानते तो मुहम्मद रसूलुल्लाह सल्लललाहु अलैहे व आलिही व सल्लम के गलती से नबी बनने जैसी अहमक़ाना बात वो भला क्यों करेंगे?, आगे मैंने इसी से जुड़े एक और झूठे इल्ज़ाम पर लिखने की कोशिश की है।

९

मौला अली को नबी मानना

कुछ सुन्नी मौलवी, अहले तशय्यो पर ये इल्ज़ाम लगाते हैं कि ये लोग अली अलैहिस्सलाम को नबी मानते हैं। हालाँकि ये ही मौलवी खुद इस बात पर भी बौखलाए हुए हैं की शिया अपने कलमे में "अलीयुन वलीयुल्लाह" क्यों कहते हैं। मतलब किसी पर इल्ज़ाम लगाने की भी एक हद होती है, शिया अपने कलमे में तक साफ कहते हैं की अली अलैहिस्सलाम अल्लाह के वली हैं, उसके बावजूद ये नफरत फैलाने वाले मौलवी, झूठ गढ़ते और फैलाते हैं।

आप शियाओं की सहीह हदीस, शियाओं की तारीख़ उठाकर देखें, कभी किसी शिया आलिम ने ये दावा नहीं किया कि अली अलैहिस्सलाम नबी हैं बल्कि उन्हें हमेशा मुहम्मद रसूलुल्लाह सल्लललाहु अलैहे व आलिही व सल्लम का वफ़ादार भाई माना और बाद ए रसूल ही उन्हें अफज़ल माना है। जब हमारे शिया भाई, ये हदीस पढ़ते हैं कि रसूलुल्लाह ने फरमाया, "अली मेरे लिए ऐसा है, जैसे मूसा के लिए हारून", तब आगे ये भी पढ़ते हैं कि "लेकिन मेरे बाद अब कोई नबी नहीं।", जबकि अहले सुन्नत वल जमात के कुछ आलिमों का कहना है और ये सुन्नी सहीह

हदीस में भी आता है कि रसूलुल्लाह ने फरमाया, "अगर मेरे बाद कोई नबी होता तो उमर होता।"

इस तरह की हदीस वो नबी कैसे और क्यों बयान करेंगे कि जो खुद आखरी नबी व रसूल हैं?, अहले सुन्नत वल जमात को मानने वाले एक घराने में एक लड़का पैदा हुआ, जिसने सुन्नी मदरसों से ही तालीम ली और बाद में खुदको ही नबी कह दिया। उसका नाम गुलाम अहमद मिर्ज़ा क़ादियानी है। उसने भी इस हदीस को ढाल बनाया था कि अगर नबी आना ही नहीं थे, तो रसूल ए खुदा ने ये क्यों कहा कि "अगर मेरे बाद कोई नबी होता", यानी होगा नहीं पर हो भी सकता है। ख़ैर, हम ऐसे हर अक़ीदे का रद्द करते हैं जिसमें मुहम्मद रसूलुल्लाह सल्ललल्लाहु अलैहे व आलिही व सल्लम के बाद किसी और के नबी होने या हो सकने की बात आई हो और अहले तशय्यो भी ऐसे अक़ीदों का रद्द ही करते हैं।

तो किसी उलेमा ए अहले तशय्यो ने अली अलैहिस्सलाम को नबी ना ही कहा है और ना ही माना है। हाँ जिस तरह अहले सुन्नत में पैदा होकर गुलाम मिर्ज़ा अहमद क़ादियानी ने खुदको ही नबी कह दिया, उसी तरह हो सकता है किसी पैसों के लिए ज़िक्र करने वाले ज़ाकिर ने या किसी सिरफिरे इंसान ने अली अलैहिस्सलाम को नबी कह दिया हो। हालाँकि मौलवी साहब का निफ़ाक़ ये है की नबूवत का दावा करने वाले सुन्नी को मुसलमान ही नहीं मानेगा लेकिन अली अलैहिस्सलाम की नबूवत का दावा करने वाले किसी ज़ाकिर को, पक्का और सबसे बड़ा शिया साबित करेगा हालाँकि उनके खुदके उलेमा उसे मुसलमान नहीं मानेंगे।

तो मालूम ये हुआ कि मौलवी साहब सिर्फ़ नफरत फैलाने झूठ फैलाते हैं। रसूलुल्लाह के बाद भी किसी नबी के आने का तसव्वुर इनके खुदके अक़ीदे में शामिल है जबकि शियाओं ने तो अपने कलमे में ही अलीयुन

वलीयुल्लाह लगाकर, नबूवत के दावे करने का रास्ता ही बंद कर दिया और ऐलान कर दिया कि "ला इलाहा इल्लललाह, मुहम्म्मदुर्रसूलउल्लाह रसूलुल्लाह"। तौहीद ओ रिसालत के बाद अली विलायत के सरदार हैं, अब वली तो आ सकते हैं लेकिन नबी नहीं।

10

तीन वक़्त की नमाज़

कई सुन्नी मौलवी, ये दावा करते हैं कि सुन्नियों में पाँच नमाज़ होती हैं जबकि शियाओं में तीन नमाज़ होती हैं जबकि ऐसा नहीं है। शिया और सुन्नी, दोनों ही मानते हैं कि पाँच वक़्त की नमाज़ होती है और दिन में पाँच बार नमाज़ अदा की जाती है। इसके अलावा, नफिल नमाज़ें कभी भी अदा कर लें या ना करें लेकिन पाँच वक़्त की नमाज़ अदा करना फर्ज़ है।

अगर हम अहले सुन्नत वल जमात की छह मोअतबर हदीस की किताबें देखें तो उसमें भी हम पाएँगे कि दो नमाज़ों को मिलाकर पढ़ने का ज़िक्र मौजूद है। ज़ुहर और अस्र, मग़रिब और इशा मिलाकर अदा की जा सकती है यानी फज़र, ज़ुहरैन और मग़रिबैन, इन तीन वक़्तों में नमाज़ अदा की जा सकती है। एक-दो नहीं बल्कि कई हदीसें आई हैं।

इस पर भी कुछ मौलवियों को मैंने ये कहते सुना है कि नमाज़ों को मिलाना, मजबूरी में जायज़ है हालाँकि मैंने सुन्नियों में बहुत कम लोगों को नमाज़ मिलाकर पढ़ते देखा है। अहले सुन्नत वल जमात की मोअतबर हदीसों में इस बात का ज़िक्र भी मौजूद है की रसूलुल्लाह

सल्लललाहु अलैहे व आलिही व सल्लम ने ख़राब मौसम, जंग के दौरान, हमले का अंदेशा होने पर या सफर में होने के दौरान नमाज़ों को मिलाकर पढ़ा लेकिन ये हदीस भी मौजूद है कि आप सल्लललाहु अलैहे व आलिही व सल्लम ने अपने शहर में रहते हुए, बग़ैर किसी मजबूरी के भी नमाज़ों को मिलाकर पढ़ा है।

हालाँकि कुछ शिया हज़रात, हमेशा ही दो नमाज़ों को मिलाकर अदा करते हैं, इसमें कुछ गलत भी नहीं लेकिन उन्हें भी चाहिए की दोनों तरह से नमाज़ अदा करें, कभी मिलाकर पढ़ लें और कभी अलग-अलग अदा कर लें ताकि ग़लत-फ़हमियों को बढ़ावा देने वाले मौलवियों की बात का रद्द हो सके।

आज के दौर में हर इंसान काम के पीछे बहुत परेशान रहता है। नौकरियों में भी बहुत काम लिया जाता है और कारोबार में भी बहुत वक़्त व मेहनत लगानी होती है। ऐसे में इंसान बहुत मसरूफ़ रहता है और वो चाहे तो अपने घर-शहर में रहते हुए भी दो नमाज़ों को मिलाकर अदा कर सकता है। तआज्जुब की बात तो ये है कि शिया व सुन्नी दोनों ही फ़िर्क़ों में नमाज़ को पाँच अलग-अलग वक़्त में अदा करने या तीन वक़्त में दो-दो नमाज़ों को मिलाकर पढ़ने की दलीलें मौजूद हैं लेकिन फिर भी जानबूझकर इस मसले को, ग़लत-फ़हमी फैलाने और शिया-सुन्नी के दरमियान दूरी बढ़ाने के लिए इस्तेमाल किया जाता है।

11

खाने-पानी में थूकना

अल्लाह ही जाने की वाकई कुछ मौलवी हज़रात इतने जाहिल होते हैं या इतने ज़्यादा घटिया कि वो बातें तक करने लग जाते हैं जो कोई अहमक़ ही कर सकता है। मैंने खुद कुछ मौलवियों को ये कहते हुए सुना है कि शियाओं के जुलूसों में या मजलिसों में ना जाओ, ये खाने-पीने में थूककर देते हैं।

मैं बार-बार एक बात दोहरा रहा हूँ कि अहले सुन्नत वल जमात के उलेमा हों या अहले तशय्यो जमात के उलेमा हों, दोनों ही इस तरह की अहमक़ाना बातें नहीं करते लेकिन कुछ ज़ाकिर और बहुत सारे मौलवी, ऐसे हैं जो अपने चंदे के लिए, अपने मसलक को अहले सुन्नत का सबसे बड़ा मसलक साबित करने के लिए या लोगों को हक़ से दूर करने के लिए झूठ पर झूठ फैलाते हैं।

किसी भी कौम या मज़हब का इंसान, किसी को कुछ देता है, तो पाक-साफ ही देता है, फिर इस तरह का घटिया इल्ज़ाम लगाने की ज़रूरत क्यों पड़ गई?, दरअसल अहले सुन्नत वल जमात का एक फिरक़ा, अबुल यज़ीद से बड़ी मुहब्बत करता है और ज़िक्र ए हुसैन से डरता है इसलिए

वो ये नहीं चाहता की हमारे मसलक के या फ़िरक़े के नौजवान या बच्चे, शियाओं के जुलूसों या मजलिसों में पहुँचें क्योंकि वहाँ जाएँगे तो उन्हें सिक्के का दूसरा पहलू भी देखने को मिलेगा, जिसे कुछ लोगों ने मिलकर सदियों तक, बड़ी मेहनतों से छिपाया है।

दूसरा पहलू जानने के बाद लोगों के दिल ओ दिमाग़ में सवाल पैदा होंगे और मौलवी साहब जवाब देकर लोगों को मुतमईन नहीं कर सकेंगे क्योंकि जवाब हैं ही नहीं। मसलन के तौर पर फातिमा बिन्त ए मुहम्मद रसूलुल्लाह को फ़दक क्यों नहीं दिया गया?, मौला अली अलैहिस्सलाम जब सबके मौला हैं, तो उन्हें पहले खिलाफत क्यों नहीं मिली?, हज़रत अबु ज़र गफ़्फ़ारी को हज़रत उस्मान की खिलाफ़त के दौर में क्यों मदीना से बाहर किया गया?, हज़रत हसन अलैहिस्सलाम को ज़हर किसने और क्यों दिया?, किसने ज़हर दिलाया?, हज़रत हुसैन अलैहिस्सलाम ने जब यज़ीद की बैयत नहीं की तो लाखों सहाबा व ताबाईन ने बैयत क्यों कुबूल कर ली?, हज़रत हुसैन अलैहिस्सलाम को करबला में सिर्फ़ 72 लोगों का साथ क्यों मिला जबकि मुसलमानों की तादाद तो तब लाखों-करोड़ों में हो चुकी थी, वगैरह-वगैरह।

तो मेरे अपनों! ये जहालत की बातों से बचो। हज़रत हुसैन व शहीदाने करबला की कोई फातिहा कराए और तबर्रुक दे तो ज़रूर लो। करबला का ग़म मनाने वाले सबील लगाकर, पानी और शरबत भी बाँटते हैं, उसे भी ज़रूर पिएँ और लंगर हो तो खाना भी खाएँ। इस बहाने आपको उस कौम को जानने का मौका मिलेगा जिसे मौलवी दूसरी कौम बताते हैं जबकि वो भी आपके अपने मुसलमान भाई ही हैं।

एक बात और याद रखें, मौलवी साहब चाहते हैं कि आप सिर्फ़ उनके मसलकी मौलवी की लिखी किताबें पढ़ें, आप सिर्फ़ उनकी बताई हदीस,

तारीख़ की किताब पढ़ें बल्कि कुछ मौलवी साहब तो यहाँ तक कहते हैं की तारीख़ की किताब मत पढ़ो वरना गुमराह हो जाओगे यानी कुछ मौलवी साहब चाहते हैं आप कुएँ के मेंढक की तरह बन जाओ और सिर्फ़ उतना ही देखो जितना, मौलवी साहब दिखाना चाहते हैं और उसे ही मुकम्मल सच और मुकम्मल इल्म समझो। जबकि हक़ीक़त इसके उलट है।

आपको चाहिए की आप हर मसलक के मुसन्निफ़ को पढ़ें, कुरआन, हदीस और तारीख़ की रौशनी में अक़ीदों को, बातों को परखें। अपनी हदीस व तारीख़ के साथ-साथ, दूसरे मसलकों की मोअतबर हदीस ओ तारीख़ की किताबों को भी पढ़ें।

ये कितने शर्म की बात है की आज हर मसलक के अपने-अपने उलेमा हैं, जो खुद को हक़ पर और दूसरे मसलक के उलेमाओं को नाहक़ पर बताते हैं जबकि मेरी समझ में जो किसी मसलक में क़ैद हो वो उलेमा हो ही नहीं सकता क्योंकि असल उलेमा तो दीन ए इस्लाम का होता है किसी ख़ास फ़िरक़े का नहीं। मेरी निगाह में फ़िर्क़ों की क़ैद में रहकर, चंदे का धंधा करने वाले और दूसरों के लिए नफ़रत घोलने वाले मौलवी या ज़ाकिर, सिर्फ़ शैतान के सिपाही हैं, इससे ज़्यादा कुछ नहीं। इल्म हासिल करें की इल्म से ही हर तरह की तीरगी दूर होती है और रौशनी व नूर मिलता है। अल्लाह हम सबके इल्म में इज़ाफ़ा करे।

12

सरदार ए विलायत

अहले सुन्नत और अहले तशय्यो दोनों जमातों का अक़ीदा ये ही रहा है की मौला अली अलैहिस्सलाम ही सरदार ए विलायत हैं। लेकिन अहले सुन्नत के कुछ गिरोह, हज़रत अब्दुल क़ादिर जीलानी रहमातुल्लाह आलेह को सरदार ए विलायत के तौर पर मशहूर करते हैं। बात ये है कि ये किसी ग़ैरसादात को जब विलायत का सबसे बड़ा अलमदार साबित नहीं कर पाए तो इन्होंने मौला अली अलैहिस्सलाम की औलाद में से ही एक बुज़ुर्ग को चुना और सरदार ए विलायत के तौर पर मशहूर किया हालाँकि इन्हें, ना ही ग़ौस ए आज़म से कोई मुहब्बत है और ना मौला अली अलैहिस्सलाम से बल्कि ये तो अपने मौलवी को सरदार ए विलायत मनवाने के लिए सीढ़ी तैयार कर रहे हैं।

इन्होंने एक बात और फैलाई है कि ग़ौस ए आज़म ने फरमाया कि मेरा कदम हर वली की गर्दन पर है। इस कौल से ही पता चलता है की ये किसी मौलवी का कौल है ना की किसी बड़े बुज़ुर्ग का क्योंकि वली की पहचान ही ये है की वो अना से पाक होता है। तो साबित ये हुआ की ये मनघढ़ंत कौल, किसी चंदाखोर मौलवी साहब ने गढ़ कर, ग़ौस ए आज़म की तरफ मंसूब किया है। क्या ग़ौस ए आज़म के आबा ओ अज्दाद, वलीयुल्लाह नहीं?, क्या ग़ौस ए आज़म का कदम, हसनैन करीमैन की गर्दनों पर है?,

माज़'अल्लाह। जब मौला अली अलैहिस्सलाम की जगह हमने इमाम हसन व इमाम हुसैन को तक सरदार ए विलायत ना कहा तो ग़ौस ए आज़म तो कई नस्लों के बाद दुनिया में तशरीफ़ लाए।

अब कुछ लोग ये दावा करते हैं कि ग़ौस ए आज़म ने शियाओं की मुखालिफ़त की है इसलिए शिया उन्हें नहीं मानते जबकि हक़ीक़त इसके उलट है और वो ये की किसी मौलवी ने "गुनियातुत्तालिबीन", नाम से किताब लिखी और उसमें दुश्मनाने अहलेबैत की तारीफ़ व विलायत के मुतल्लिक़ झूठी बातें गढ़ के, हज़रत अब्दुल क़ादिर जीलानी रहमातुल्लाह आलेह की तरफ़ मंसूब कर दिया। एक नज़रिया ये भी मिलता है कि हज़रत अब्दुल क़ादिर जीलानी रहमातुल्लाह आलेह की तालीम को उनके शागिर्दों ने किताब की शक्ल में जमा किया था लेकिन मौलवी ने अपने मसलकी फायदे के लिए उस किताब में बिगाड़ करके ग़ौस ए आज़म की तरफ़ मंसूब कर दी।

मैंने ग़ौस ए आज़म के घराने के सादातों से बात की तो उन्होंने मुझे बताया की ये सब एक साजिश है जबकि हम औलाद ए ग़ौस ए आज़म तो हसनी सादात हैं और इमाम हसन अलैहिस्सलाम के अक़ीदे में, "हज़रत अली अलैहिस्सलाम ही सबसे बुलंद, अफ्ज़ल और बाद ए नबी सबसे बेहतरीन नूरी बशर हैं।", अगर आप इस तरह किसी वलीयुल्लाह को बदनाम करेंगे तो कम इल्म रखने वाले या तहक़ीक़ ना करने वाले शिया हज़रात उनसे क्यों मुहब्बत करेंगे?

मैंने "गुनियातुत्तालिबीन" किताब पढ़ी और ये पाया कि हज़रत अब्दुल क़ादिर जीलानी रहमातुल्लाह आलेह को सरदार ए विलायत बताने वाली जमात की नमाज़ तक उस तरह नहीं है जिस तरह गुनियातुत्तालिबीन में बताई गई है। अगर ये किताब रब के सबसे बड़े वली, विलायत के

सरदार की है तो मौलवी साहब उनकी तालीम के मुताबिक नमाज़ अदा ना करके, दूसरों के बताए तरीकों पर नमाज़ अदा क्यों कर रहे हैं?

तो ये इख़्तिलाफ़ मौलवियों ने खुद गढ़ा है और मैं उनके मक़सद से वाक़िफ़ हूँ। बहरहाल, मौला अली अलैहिस्सलाम ही सरदार ए विलायत हैं और गौस, ख्वाजा, अब्दाल, उनके ही वली हैं। बहरहाल, मौलवी साहब, याद रखें की चाहे मुहीयुद्दीन हों, चाहे मुईनुद्दीन हों, चाहे बदीउद्दीन हों या निज़ामउद्दीन हों, चाहे फख़्रुद्दीन हों या ताजउद्दीन हों, चाहे कमरउद्दीन हों या शम्सउद्दीन हों, चाहे सैफउद्दीन हों या असदउद्दीन हों। ये सारे बड़े बुज़ुर्ग़ मौला अली अलैहिस्सलाम की ही औलादों की आल से हैं और ये सारे अपने अज्दाद मौला अली अलैहिस्सलाम को अपना मौला व सरदार जानते हैं। अफसोस की मसलकी मौलवी साहब लोगों को लड़ाने और झूठी बातें गढ़ने के चक्कर में विलायत की खुश्बू तक से महरूम रह गए।

13

गुस्ताख़ ए सहाबा

कुछ सुन्नी मौलवी ये झूठ आम करते हैं कि शिया हज़रात, सहाबा रज़ियल्लाहु अन्हुम को नहीं मानते हालाँकि मैंने तहक़ीक़ की तो पाया कि अहले तशय्यो तो हज़रत सलमान फारसी, हज़रत अबुज़र गफ़्फ़ारी, हज़रत मिक़्दाद, हज़रत मालिक ए अश्तर, हज़रत बिलाल, हज़रत हुज़ बिन आदि, हज़रत हबीब इब्न ए मुज़ाहिर और इन जैसे सैंकड़ों सहाबा पर अपनी जानें कुर्बान करते हैं।

दरअसल बात बस इतनी सी है कि अहले सुन्नत वल जमात की ज़्यादातर मस्जिदों में घूम फिरकर बस 4-6 सहाबाओं का ही ज़िक्र होता है और ये भी कड़वी हक़ीक़त है की मौलवी साहब ख़ुद बताते हैं कि सहाबाओं की तादाद कम ओ बेश, 1 या 2 लाख थी लेकिन वो ख़ुद बस छह-सात सहाबाओं का ज़िक्र करते हैं। मैंने कभी सुन्नी मस्जिदों में हज़रत मिक़्दाद रज़ियल्लाहु अन्हो या हज़रत मालिक ए अश्तर रज़ियल्लाहु अन्हो का नाम तक लेते नहीं सुना, ज़िक्र तो बहुत दूर की बात है।

बाद ए पर्दा ए रसूल सल्लललाहु अलैहे व आलिही व सल्लम, अम्मा फातिमा सलामुल्लाह अलैहा का फ़दक छीन लिया गया, ये बात शिया व सुन्नी दोनों तारीख़ों में मौजूद है। अम्मा फातिमा सलामुल्लाह अलैहा ने दरबार में दो मुक़दमें किए, इस बात से भी सब वाक़िफ़ हैं, फिर भी आप बीबी फातिमा बिन्त ए मुहम्मद रसूलुल्लाह को उनका बाग़ व ज़मीन नहीं लौटाई गई। अब यहाँ से ही दो अक़ीदे निकलकर सामने आए। कुछ लोगों ने अव्वल ख़लीफ़ा की बात को सही करार दिया जिसमें दूसरे ख़लीफ़ा का भी दखल था और कुछ लोगों ने अम्मा फातिमा सलामुल्लाह अलैहा को सच्चा जाना। ख़ुद अहले सुन्नत वल जमात की मोअतबर हदीस की किताबों में ये हदीस मौजूद है कि अम्मा फातिमा सलामुल्लाह अलैहा, अव्वल व दूसरे ख़लीफ़ा से नाराज़ रहीं, यहाँ तक की आप दुनिया ए फानी से कूच कर गईं।

अब अगर कोई गाली गलौज करता है तो मैं उसके ख़िलाफ़ हूँ लेकिन कोई अदब के दायरे में रहकर, ये ऐलान करे कि अम्मा फातिमा सलामुल्लाह अलैहा का हक़ उन्हें ना देना या उनसे छीन लेना, उम्मत की बड़ी गलती थी तो इसमें किसी को कोई बुराई नहीं होना चाहिए। जिस तरह मौलवी साहब का अक़ीदा है जो बीते कुछ सालों में खुलकर सामने आया कि फातिमा सलामुल्लाह अलैहा जब हक़ माँगने गईं थीं ख़ता पर थीं। माज़'अल्लाह। मगर निफ़ाक़ देखिए, रसूलुल्लाह की बेटी, रसूलुल्लाह की जुज़ को ख़ता पर कहने से कोई गुस्ताख़ी नहीं होती लेकिन फातिमा सलामुल्लाह अलैहा को सच्चा मानने और उनके मुक़ाबले में आए हर एक शख़्स को गलत जानने से, गुस्ताख़ी हो जाती है।

मैं अहले सुन्नत के एक-दो नहीं बल्कि सैंकड़ों लोगों को जानता हूँ जो अव्वल और दूसरे ख़लीफ़ा की ताज़ीम करते हैं लेकिन फ़दक के मसले पर साफ़ और खुलकर कहते हैं कि फ़दक सिर्फ़ ज़हरा सलामुल्लाह अलैहा का था, है और रहैगा, उन्हें ना देना उम्मत की बड़ी ख़ताओं में

से एक है। तो शिया हज़रात सलमान ओ अबुज़र जैसे सहाबाओं को तो मानते हैं लेकिन उन दो सहाबाओं को नहीं मानते कि जिनके सामने फातिमा सलामुल्लाह अलैहा ने मुक़दमा लड़ा। सबूत, गवाह, दलील पेश कीं लेकिन उन्होंने फिर भी विरासत वापिस नहीं दी। तो मौलवी साहब आपको इन दो को मनवाने की ही ज़िद क्यों सवार है?, जबकि आपकी ख़ुदकी तारीख़ ओ हदीस में इस मामले से मुतअल्लिक़ कई हदीस मौजूद हैं।

अब बात करते हैं कि शिया, तीसरे ख़लीफ़ा को नहीं मानते तो अव्वल व दूसरे ख़लीफ़ा ने बाग़ ए फ़दक के मुतअल्लिक़ कहा कि नबी की मीरास नहीं होती इसलिए ये फ़दक सबका है और उसे माल ए ग़नीमत के तौर पर ख़लीफ़ा के पास रखा गया लेकिन तीसरे ख़लीफ़ा ने ये फ़दक अपने बेटी दामाद को दे दिया। मेरे अपनों! बात लड़ने या बहस करने की नहीं है बल्कि फ़िक्र करने की है कि पहले दो ख़लीफ़ा की बात को तीसरे ख़लीफ़ा ने ही काट दिया। इसके अलावा तीसरे ख़लीफ़ा के दौर में हुकूमत के अलग-अलग हिस्सों में खराब गवर्नर मुक़र्रर करने से एक बग़ावत की लहर पैदा हुई इसलिए भी शिया हज़रात उन्हें नहीं मानते और अगर आप सुन्नी तारीख़ में देखें तो भी पाएँगे कि कई सहाबा रज़ियल्लाहु अन्हुम, उनके खिलाफ़ थे जिसमें से एक पहले ख़लीफ़ा के बेटे भी थे। लेकिन फिर मौलवी साहब को ज़िद है, इन्हें ही मनवाने की।

अब बात करते हैं अमीर ए शाम, अबुल यज़ीद की यानी मुआविया। इन्हें तो अहले सुन्नत के ही कई लोग नहीं मानते लेकिन कुछ फ़िक़्रों को ज़िद है, इन्हें भी जबरन मनवाने की। ये बात भी बड़ी अजीब है की मौला अली अलैहिस्सलाम के बाबा को काफ़िर और यज़ीद पलीद के बाप को रज़ियल्लाहु अन्हो साबित करने की। ये वो ही शख़्स है की जिसने क़त्ल ए उस्मान का इल्ज़ाम मौला अली अलैहिस्सलाम पर डाला, मौला अली अलैहिस्सलाम से जंग करने लश्कर लेकर आ गया,

मौला अली अलैहिस्सलाम के दुनिया ए फानी से कूच कर लेने के बाद उन पर मिम्बरों से लान-तान व लानत करवाई और ये सब बातें, अहले सुन्नत की किताबों में भी मौजूद हैं। अहले सुन्नत के चौथे ख़लीफ़ा ए राशिद से जंग करने वाले और आख़री ख़लीफ़ा ए राशिद से खिलाफत छीनने वाले को सहाबा मानना अगर सहाबियत का मेयार है तो फिर तो मैं खुद भी गुस्ताख़ ए सहाबा कहलाना पसंद करूँगा लेकिन यज़ीद के बाप को रज़ियल्लाहु अन्हो तो नहीं मान सकूँगा।

मेरे अपनों! मौलवियों की मनघढ़ंत बातों और झूठे इल्ज़ामात से बाहर निकलकर, आप खुद तहक़ीक़ करें। शियाओं की किताबों में नहीं बल्कि अपनी ही किताबों में तहक़ीक़ करें तो आप पाएँगे कि अहले सुन्नत वल जमात की तारीख़ व हदीस की किताबों में भी हज़रत सलमान फारसी, हज़रत अबु ज़र गफ़्फ़ारी जैसे सहाबाओं की तारीफ़ मिलेंगी और उन्हें अहले तशय्यो भी मानते हैं। और आपकी ही किताबों में आपको उन लोगों के मुताल्लिक़ भी पढ़ने मिलेगा, जिन्हें शिया नहीं मानते और उनमें से कोई बाग़ ए फ़दक के मसले में, कोई गलत गवर्नर को मुक़र्रर करने में, कोई मौला अली अलैहिस्सलाम से जंग करने में शामिल मिलेंगे। तो शिया उन्हें ही नहीं मानते जिनके मुताल्लिक़ अहले सुन्नत की किताबों में भी ये बात दर्ज है की फलाँ-फलाँ से फातिमा सलामुल्लाह अलैहा, उनसे नाराज़ थीं या फलाँ, अली अलैहिस्सलाम से जंग करने आ गया वगैरह।

बाकि हज़ारों सहाबाओं को अहले तशय्यो मानते हैं बल्कि शिया तो कम्बर और फ़िज़्ज़ा जैसे अहले बैत के गुलामों और कनीज़ों को भी अदब ओ इज़्ज़त के साथ याद करते हैं और कनीज़ ए ज़हरा सलामुल्लाह अलैहा को तो जनाब ए फ़िज़्ज़ा या अम्मा फ़िज़्ज़ा तक कहकर पुकारते हैं। यहाँ तक की शिया तो हज़रत अली, हज़रत हुसैन, हज़रत अब्बास, और बाकि अहलेबैत के घोड़ों की तक ताज़ीम करते हैं। ये तो इंसान

व जानवरों की बात हो गई जो दोनों जानदार होते हैं, हद तो ये है कि शिया हज़रात, अली अलैहिस्सलाम की तलवार की तक ताज़ीम करते हैं। तो 4-6 लोगों को सहाबा ना मानने पर उन पर गुस्ताख़ ए सहाबा का इल्ज़ाम लगाना सही नहीं जबकि वो हज़ारों सहाबाओं को मानते हैं।

आप भी कुरआन की रौशनी में हदीसों और तारीख़ों को रिलेट करते हुए पढ़ें, आपको भी हक़, ज़रूर नज़र आएगा और साफ़ नज़र आएगा। इंश आ अल्लाह। अल्लाहुम्मा सल्ले अला मुहम्मद व अला आले मुहम्मद।

14

हदीसों का इंकार

कुछ मौलवी हज़रात ये तोहमत लगाते हैं कि शिया, हदीसों को नहीं मानते। हालाँकि ये तोहमत झूठी है, बेबुनियाद है और गलत है। जिन्हें हदीसों के मुताल्लिक़ इल्म नहीं उन्हें बता दूँ कि रसूलुल्लाह सल्लललाहु अलैहे व आलिही व सल्लम की कही बातें, तालीम, नसीहतें, क़ौल हदीस कहलाते हैं और इन पर किसी को कोई शक नहीं लेकिन ये हदीसें दौर ए रसूल ए खुदा में नहीं लिखी गईं बल्कि आपके पर्दा फरमा लेने के और 200-250 साल बाद सही तरह से लिखी गईं।

तो हदीस पर शक करने का मतलब ये नहीं कि किसी ने रसूल ए खुदा की बात पर शक किया है बल्कि इसका मतलब तो ये है कि लिखने वाले ने या बताने वाले ने या बिगाड़ करने वाले ने अपनी तरफ से कोई बात बनाकर या रसूल ए खुदा की कही किसी बात को बदल कर या कमी-बेशी करके तो पेश ने किया?

अहले सुन्नत के आलिम हदीस लिखने वालों को मुहद्दिस कहते हैं इसलिए इसी लफ्ज़ का इस्लेमाल करूँगा ताकि समझने में आसानी हो। मुहद्दिसों ने मीलों के सफर तय किए, सहाबाओं की आल औलादों

व ताबाईन व उनकी औलादों से हदीसें लेकर इकट्ठी कीं, फिर अपने इल्म व तहक़ीक़ की बुनियाद पर उन्हें परखा और किताब की शक्ल में जमाया।

यहाँ पर याद रखें की हदीसें कलेक्ट करने वाले से भी गलती हो सकती है, बताने वाले से भी हो सकती है की कोई शख़्स सुनकल कुछ भूल गया हो या फिर जानबूझकर भी गलत हदीसें लिखाई जा सकती हैं।

यहाँ पर ये बात भी ज़हन में रखना चाहिए कि रसूलुल्लाह सल्लललाहु अलैहे व आलिही व सल्लम के पर्दा फरमा लेने के बाद से, हदीसों को किताब की तरह जमा करने के बीच, हज़रत फातिमा सलामुल्लाह अलैहा की शहादत, हज़रत अली अलैहिस्सलाम की शहादत, हज़रत हसन अलैहिस्सलाम की शहादत भी हुई थी और इमाम हुसैन अलैहिस्सलाम को कई अहलेबैत ए रसूल व मुहिब्ब ए अहलेबैत ए रसूल के साथ क़त्ल करके शहीद किया गया था।

इसी बीच हज़रत अली अलैहिस्सलाम से मुसलमानों की फौज ने जंग भी की और हज़रत हसन अलैहिस्सलाम से ख़िलाफ़त भी छीनी गई। यानी आल ए रसूल सल्लललाहु अलैहे व आलिही व सल्लम पर ज़ुल्म ओ सितम ढाए गए।

कभी फिक्र के लम्हों में सोचिएगा कि रसूलुल्लाह की आल औलाद का सर काटने वाली और नबीज़ादियों के सर से चादर व पर्दा खींचने वाली हुकूमत और हुकूमत का साथ देने वाले मुसलमान, क्या नबी करीम सल्लललाहु अलैहे व आलिही व सल्लम के नाम से झूठी हदीस नहीं गढ़ सकते?, कई नासबियों और खारजियों की रिवायतों से भरी हदीसें भी

मौजूद हैं, मौला अली अलैहिस्सलाम को मिम्बरों से गालियाँ बकने वालों की रिवायतें मौजूद हैं।

तो किसी हदीस को ना मानने का मतलब ये नहीं होता कि रसूलुल्लाह सल्लललाहु अलैहे व आलिही व सल्लम की कही बात का इंकार कर दिया बल्कि इसका मतलब ये होता है कि हम फलाँ रिवायत को या राвियों को या मुहद्दिस को सहीह नहीं समझते इसलिए हम ये नहीं मानते की ये बात रसूलुल्लाह ने कही होगी। हर मौलवी भी ये जानता है की इसका क्या मतलब निकलता है लेकिन फिर भी कुछ मौलवी लोगों को गुमराह करके, नफरत फैलाने के लिए अपना ज़मीर तक बेचने को तैयार हैं।

शिया, सुन्नियों की लिखी हदीसों को भी मानते हैं। और हर तालिब ए इल्म, तहक़ीक़ करने वाले को चाहिए की किसी भी रिवायत को मानने से पहले अच्छे से जाँचे।अहले सुन्नत में ही ऐसी एक-दो नहीं बल्कि हज़ारों हदीसें हैं, जिन्हें कुछ मुहद्दिसों ने सहीह कहा और कुछ ने हसन या ज़ईफ़। यहाँ तक ऐसी भी हदीस हैं जिन्हें कुछ ने सहीह माना और कुछ ने उनका रद्द तक कर दिया।

इसके अलावा अहले तशय्यो के पास अपनी हदीस की किताबें हैं, उनके अपने रावीयान हैं, अपनी रिवायतें हैं और मैं बहुत दुख के साथ कह रहा हूँ लेकिन ये बात हक़ है, अहले तशय्यो की हदीसों में ज़्यादातर रिवायतें आल ए मुहम्मद सल्लललाहु अलैहे व आलिही व सल्लम से ली गई हैं जबकि अहले सुन्नत वल जमात की रिवायतों में अहलेबैत ए रसूल की रिवायतें बनिस्बत ए सहाबा, बहुत कम हैं।

मेरे अक़्ल में भी ये बात कभी घिर ना सकी कि रसूलुल्लाह सल्लललाहु अलैहे व आलिही व सल्लम के बारे में या उनकी तालीम, आदतों, बातों को जानने के लिए उनके घरवालों से बेहतर और कौन हो सकता था?, फिर उनकी रिवायतें कम क्यों?

ख़ैर! ये बात तो गलत है की शिया हज़रात, हदीसों को नहीं मानते बल्कि वो भी हदीसों को मानते हैं और सुन्नत ए रसूल पर अमल करने की भी कोशिश करते हैं। अल्लाहुम्मा सल्ले अला मुहम्मद व अला आले मुहम्मद।

15

नबी की बीवियों को ना मानना

ये भी एक ऐसा झूठा इल्ज़ाम है जो मौलवी साहब ने खुद गढ़ा है हालाँकि शिया हज़रात तो, उम्मुल मोमिनीन उम्मे हबीबा को भी मानते हैं जो अबु सूफियान की बेटी हैं। जबकि अहले तशय्यो यज़ीद, मुआविया, अबु सूफियान इन तीनों में से किसी को नहीं मानते।

शिया-सुन्नी के दरमियान, रसूलुल्लाह की बीवियों की तादाद को लेकर भी इख़्तिलाफ़ हैं और इन दो जमात के अंदरूनी फ़िर्क़ों में भी इस पर इख़्तिलाफ़ है, किसी ने 11 बीवी होने की बात कही है किसी ने 13, कुछ मोअर्रिख़ीन ने 12 और 15 होने की बात भी की है। बहरहाल, सुन्नियों में ज़्यादातर लोग रसूलुल्लाह की 11 बीवियाँ होने का अक़ीदा रखते हैं और शियाओं में रसूलुल्लाह की 13 बीवियाँ होने का अक़ीदा आम है।

यहाँ भी वो ही मसला है, मौलवी साहब को रसूल ए खुदा की बाकि बीवियों से कोई मतलब नहीं, उन्हें बस एक को मनवाना है, उम्मुल मोमिनीन आयशा रज़ियल्लाहो अन्हा को क्योंकि आप मौला अली अलैहिस्सलाम

के मुक़ाबले में जंग करने आ गईं। शिया, उम्मुल मोमिनीन आयशा रज़ियल्लाहो अन्हा को सही नहीं मानते क्योंकि उन्होंने मौला अली अलैहिस्सलाम से जंग की और जब आपके वालिद ख़लीफ़ा बने और अम्मा फातिमा का फ़दक छीना गया तो आपने गवाही नहीं दी वगैरह-वगैरह।

हालाँकि अहले सुन्नत की किताबों में भी ये बात दर्ज है की अम्मा आयशा रज़ियल्लाहो अन्हा ने मौला अली अलैहिस्सलाम से जंग की है और रसूल ए ख़ुदा ने एक बार आपसे नाराज़ होकर आपको मायके भी भेज दिया था। यानी ईमानदारी से अगर तहक़ीक़ की जाए तो पता ये चलता है की शिया जिन भी सहाबा को या उम्मुल मोमिनीन को पसंद नहीं करते उनसे जुड़ा हुआ कुछ ना कुछ अहले सुन्नत की किताबों में भी ज़रूर मिल ही जाता है, जो उनके ख़िलाफ़ जाता है।

मैं अगर अपनी बात करूँ तो मैं हर एक उम्मुल मोमिनीन का अदब करता हूँ, अम्मा आयशा रज़ियल्लाहो अन्हा का भी अदब करता हूँ लेकिन ये बात भी हक़ है की आपको, मौला अली अलैहिस्सलाम के मुक़ाबले में लड़ने नहीं आना चाहिए था। बहरहाल, माँ तो माँ होती है और औलाद को चाहिए की अपनी माँ की हर हाल में ताज़ीम करे। हालाँकि जब कभी जमल का मसला उठेगा तब हमें हक़ बोलना ही होगा की अली अलैहिस्सलाम ही हक़ पर थे।

मौलवी साहब को एक और काम बड़ा पसंद है, तराज़ू लेकर लोगों को तौलने का और फसाद कराने की नई-नई स्कीम बनाने का। कुछ सालों से मैं देख रहा हूँ की कुछ मौलवी कहते हैं, रसूलुल्लाह की सबसे प्यारी बीवी हज़रत आयशा थीं। क्यों मौलवी साहब?, बाकि की बीवियाँ, रसूलुल्लाह को प्यारी नहीं थीं क्या?, माज़अल्लाह। ये बात भी करने का बस एक

मक़सद है की शिया जिन एक को नहीं मानते हम उन्हें ही सबसे प्यारा बताएँ ताकि हमारी अगली नस्लें इस बात पर दुश्मनी रखें।

वैसे तो रसूलुल्लाह सल्लललाहु अलैहे व आलिही व सल्लम की सारी ही बीवियों का मर्तबा बड़ा बुलंद है लेकिन अगर किसी एक का ही नाम लेना हो तो "उम्मुल मोमिनीन ख़दीजा", का मर्तबा सबसे बुलंद है और आप रसूलुल्लाह को सबसे प्यारी थीं। फातिमा सलामुल्लाह अलैहा, आपकी ही बेटी हैं और आप हसनैन करीमैन की सगी नानी हैं। हालाँकि मौलवी साहब को इन्हें आला कहने में तक़लीफ़ होती है क्योंकि इन्हें तो शिया भी मानते हैं और मौलवी साहब! वो बात कैसे मान सकते हैं जिस पर शिया हज़रात राज़ी हों।

जैसे कुछ दीन से ग़ाफ़िल, सुन्नी, लाइल्मी की बिना पर आईम्मा ए अहलेबैत अलैहिस्सलाम की बेअदबी कर देते हैं, ये गुमान करते हुए की ये शियाओं के इमाम हैं जबकि आईम्मा ए अहलेबैत तो आल ए रसूलुल्लाह हैं। वैसे ही कुछ शिया भी लाइल्मी की बिना पर अम्मा आयशा के लिए बुरे अल्फ़ाज़ इस्तेमाल करते हैं जो की नहीं करना चाहिए लेकिन वो उनकी लाइल्मी से ज़्यादा कुछ नहीं। ना शिया उलेमा ने कभी अम्मा आयशा रज़ियल्लाहो अन्हा के लिए ख़राब अल्फ़ाज़ इस्तेमाल किए हैं और ना ही सुन्नी आलिमों ने कभी आईम्मा ए अहलेबैत की गुस्ताख़ी की है।

तो मेरे अपनों! शिया हज़रात नबी करीम सल्लललाहु अलैहे व आलिही व सल्लम की बीवियों को नहीं मानते, ये सिर्फ़ एक झूठा इल्ज़ाम है जो मौलवी साहब ने दूरियाँ पैदा करने गढ़ा है।

16

मुतअ की पैदावार

जी हाँ मेरे अपनों! बहुत सारे मौलवी ये अहमक़ाना और फिज़ूल बात करते हैं कि शिया मुतअ की पैदावार हैं और इसके पीछे की दलील बस इतनी है कि अहले तशय्यो के अक़ीदे में मुतअ करना जायज़ है।

इस बात को समझने के लिए, ये बात समझना ज़रूरी है कि जायज़ होना और फर्ज़ होना, दो अलग बातें हैं। मसलन के तौर पर अहले सुन्नत वल जमात के नज़दीक़, एक मर्द चार निकाह कर सकता है यानी चार निकाह करना जायज़ है लेकिन आपने कितने सुन्नी हज़रात ऐसे देखे हैं, जिनकी चार-चार बीवियाँ हों?, क्या अहले सुन्नत में चार निकाह करना फर्ज़ है?, अगर नहीं। तो आपसे किसने कह दिया की अहले तशय्यो में निकाह ए मुतअ करना फर्ज़ है?

किसी काम की इजाज़त होने और किसी काम के फर्ज़ होने में ज़मीन-आसमान का फर्क़ होता है। मसलन के तौर पर, मैं माँस-मछली खाना पसंद नहीं करता, तो ये मेरा अपना निजी मामला है, माँस-मछली खाना फर्ज़ नहीं। हाँ अगर मैं ये कहने लगूँ की शरियत में माँस-मछली खाने की इजाज़त नहीं तो मैं झूठा और गुनाहगार कहलाऊँगा। लेकिन इसका ये

मतलब हरगिज़ नहीं की जिस काम को मैं जायज़ समझता हूँ, उसे करना मुझपर फर्ज़ हो गया या चूँकि मैं किसी काम को नाजायज़ नहीं समझता तो ये इस बात की दलील हो गई की मैं उस काम को करता भी हूँ।

अब बात करते हैं निकाह ए मुतअ की तो इसमें कई अलग अक़ीदे खुलकर सामने आए हैं। सबसे पहले तो कुछ लोग ये दावा करते हैं कि ये मुतअ की आयत, हज व उमरा के मुताल्लिक़ ही आई थी। लेकिन फिर सवाल ये पैदा होता है कि ये आयत सूरः निसा में, जहाँ निकाह की बात चल रही है, वहाँ कैसे पहुँची?, क्या कुरआन की तरतीब बदलते वक़्त, इतनी बड़ी लापरवाही और गलतियाँ की गईं हैं?, तो मेरे इल्म व तहक़ीक़ के मुताबिक, ये दावा तो गलत है।

फिर कुरआन की एक आयत में साफ बयान हुआ है कि, "पस जो भी औरतों से मुतअ करें, उनकी मुअइयना मेहर दे दे और मेहर मुक़र्रर होने के बाद भी आपस में रज़ामन्दी हो तो कम या ज़्यादा करने में कोई गुनाह नहीं है। बेशक! अल्लाह (हर चीज़ से) वाक़िफ़ और मसलहतों का पहचानने वाला है।", अब इस आयत के मंसूख होने पर इसके बदल में क्या हुक्म आया है वो आज तक किसी ने पेश नहीं किया और ना ही रसूल ए खुदा की कोई हदीस ही पेश की है जिसमें ये लिखा हो की फलाँ, आयत कुरआन में आई थी लेकिन अब रद्द कर दी गई, बदल दी गई या मंसूख हो गई।

बाद ए रसूल सल्लललाहु अलैहे व आलिही व सल्लम, कौन इसे रद्द कर सकता था?, मौलवी साहब इस तरह की बातें अगर आप करेंगे और कहीं शिया आपको जवाब देने पर उतर आए तो जो इल्ज़ाम आप, शियाओं पर लगाते हैं, वो ही आप पर लग जाएगा। कहीं आप ये अक़ीदा तो नहीं रखते की कुरआन में बदल हुआ है?, माज़अल्लाह।

कुरआन में बहुत सारी आयात ऐसी हैं, जिन्हें समझने के लिए बहुत ज़्यादा इल्म ओ तहक़ीक़ की ज़रूरत पड़ती है। मसलन के तौर पर, जंग में क़ैद हुई औरतों के साथ निकाह भी जायज़ है और हमबिस्तरी भी लेकिन ये की शरीफ़ इंसान, निकाह को तरज़ीह देता है। सुनने में किसी कमज़र्फ़ को ये लग सकता है कि ये तो ज़्यादती है लेकिन इसके पहले उसे हर एक मौजूदा मुल्क के कानून के बारे में जानना चाहिए।

देशद्रोह और देश पर हमला, ये किसी भी मुल्क के लिए दो बड़े गुनाह हैं और आप देख सकते हैं की लगभग हर देश में, जंग/युद्ध/War में गिरफ़्तार हुए लोगों के लिए अलग जेल होती है और उनपर जुल्म भी किया जाता है हालाँकि इस्लाम ने तो क़ैदियों को रिहा करने और उनसे निकाह तक करने की इजाज़त अता की।

ख़ैर अब तक तो मैंने एक नज़रिए के बारे में बात की और ये बताने की कोशिश की है कि, "शियाओं में मुतअ करना जायज़ है फर्ज़ नहीं।", अब मैं बात करता हूँ उन नज़रियों की जो अहले सुन्नत में मौजूद हैं।

1. कुछ सुन्नी आलिमों ने, लफ्ज़ استمتعتم का मायना, फायदा, खुशी, वगैरह माना और उन्होंने कहा की यहाँ मुतअ से मुराद, खुशी व फायदा है ना की निकाह ए मुतअ।

2. कुछ सुन्नी आलिमों ने ये माना की यहाँ निकाह ए मुतअ का ही ज़िक्र हुआ है लेकिन उन्होंने इस बात को मानने से इंकार कर दिया की इस्लाम इसकी इजाज़त देता है।

3. हदीसों में ये भी ज़िक्र मिलता है कि, निकाह ए मुतअ करने की इजाज़त है और क़ुरआन में इससे जुड़ी आयत भी मौजूद है और वो आयत मंसूख भी नहीं की गई। बाद में दूसरे ख़लीफ़ा ने इसे अपने निजी फैसले से बतौर ख़ुद, रद्द कर दिया। क़ुरआन व रसूलुल्लाह ने जिसकी इजाज़त दी हो उसे अपनी तरफ़ से रद्द कर देना, ये कैसे मुमकिन था, ये मौलवी साहब ही बेहतर जानते हैं।

बहरहाल, अहले तशय्यो में निकाह ए मुतअ उसी तरह से जायज़ है, जिस तरह से अहले सुन्नत में चार निकाह। अब आप मौलवी साहब की अहमक़ाना और नफ़रत फैलाने वाली बातों के जाल से बाहर निकलकर फिक्र कीजिए, आपको उतने शिया भी मुतअ किए नहीं मिलेंगे, जितने सुन्नी आपको चार निकाह किए मिले होंगे। यानी शियाओं में भी वैसा ही निकाह होता है जैसा अहले सुन्नत में होता है, निकाह ए मुतअ की इजाज़त क्यों दी गई थी और उस दौर में क्या हालात थे, वो आप ख़ुद तहक़ीक़ कर सकते हैं। बाकि मैं इतना बता सकता हूँ की अहले तशय्यो में, ना के बराबर निकाह ए मुतअ के मामले देखने को मिलते हैं।

17

शिया, सैयद नहीं होते

मौलवी साहब के लगाए, इस इल्ज़ाम का जवाब बस इतना दूँगा की सैयद ही बस सैयद होते हैं। अब वो किस फ़िरक़े से हैं या लोग उन्हें किस फ़िरक़े का समझते हैं, ये लोगों की अपनी सोच है। ये बात भी दुरुस्त है कि आज बहुत सारे सैयद भी, अपने अपने मसलक के लिए बोलते नज़र आते हैं हालाँकि सैयद बस सैयद होता है, दीन से मुस्लिम, ईमान से मोमिन होता है। वो ना तो शिया होता है और ना ही सुन्नी।

मैंने अहले सुन्नत के कुछ गिरोहों को देखा जो सुन्नी सैयद को भी सिर्फ़ इसलिए काफ़िर कह देते हैं क्योंकि वो उनके मसलक को नहीं मानता। जबकि होना तो ये चाहिए था कि अगर कोई किसी सादात की ताज़ीम करना चाहता है तो उसे खून ए रसूल, कुर्बत ए रसूल की बिना पर करना चाहिए। इससे कोई फर्क़ नहीं पड़ना चाहिए कि सामने वाला आपके अक़ीदे को मानता है या उसका अक़ीदा आपसे अलग है।

शियाओं में ग़ैरसादात भी मौजूद हैं और सादात भी। आईम्मा ए अहलेबैत अलैहिस्सलाम की औलादें भी मौजूद हैं और मौला अली अलैहिस्सलाम की दूसरी बीवियों से चली नस्ल की आल भी मौजूद है। शर्म की बात तो ये है की मौलवी साहब अपने मसलक के सैयदों की तो नालैन भी चूमना सवाब बताता है लेकिन दूसरे मसलक में मौजूद सादातों को गालियाँ तक बकता है।

ख़ैर, मुझे तआज्जुब नहीं होता क्योंकि अली व औलाद ए अली को गाली बकने-बकवाने वाला, इनके नज़दीक़ रज़ियल्लाहु अन्हो है, सहाबा है। यानी ये सब करना इनके नज़दीक़ सवाब का काम होगा और सुन्नत ए सहाबा भी।

शिया-सुन्नी मसलक बाद में वजूद में आए, पहले तो सारे मुसलमान ही थे, बाद में इख़्तिलाफ़ हुआ और मुसलमान दो हिस्सों में बँट गए और फिर इन दो जमातों के अंदर भी कई और अंदरूनी हिस्से होते चले गए। मुसलमानों के साथ-साथ, वो सादात जो दीन का उतना इल्म नहीं रखते थे या किसी उस्ताद की सोच से मुतअस्सिर थे, बँटते चले गए।

हालाँकि आज भी कुछ मौलवी, सुन्नियों में मौजूद सैयदों को भी नीम शिया कहते हैं। वजह बस ये कि सैयदों को अपने अज्दाद से मुहब्बत है और कुछ मौलवी चाहते हैं कि सुन्नी सादात, यज़ीद के बाप से मुहब्बत करने वाले बन जाएँ।

मुझे तो अहले सुन्नत वल जमात के उन सैयदों को देखकर बड़ी हैरानी होती है, जो अपने मसलकी मौलवी की बातों को मानते हुए, अपने ही अज्दाद, सरकार अबु तालिब को काफ़िर कहते हैं और यज़ीद के बाप को

सहाबा व रज़ियल्लाहु अन्हो।

खुदको औलाद ए ग़ौस ए आज़म बताने वाले और क़ादरी सिलसिले से जुड़े होने का दावा करने वाले कुछ लोग, मौला अली अलैहिस्सलाम को अव्वल व अफ्ज़ल समझने वालों को बुरा कहते हुए नज़र आ जाते हैं। जबकि इनका दावा ये होता है कि हम हसनी सादात हैं यानी इमाम हसन अलैहिस्सलाम की मुबारक नस्ल ए पाक से।

मैं इन सबकी भी बड़ी इज़्ज़त करता हूँ और अहले सुन्नत वल जमात की मोअतबर हदीसों यानी सिहाह सित्ताह की एक हदीस लिख रहा हूँ, जो इमाम नसाई ने अपनी किताब में दर्ज की है और खुद इमाम हसन अलैहिस्सलाम ने इसे बयान किया यानी रिवायत आप हसन अलैहिस्सलाम की है -

रावीयान ए हदीस, इस्हाक़ बिन इब्राहीम, अन्-नज़्र बिन शुमैल, यूनुस बिन अबु इस्हाक़, हुबैरा बिन यरीम।

जब सैयदना इमाम हसन अलैहिस्सलाम के वालिद हज़रत अली अलैहिस्सलाम शहीद हो गए तो आप सियाह इमामा बाँधे हुए थे। आपने लोगों को जमा कर के इर्शाद फरमाया, "गुज़िश्ता रोज़ तुम लोगों ने उस शख़्स को शहीद किया है, जिस से पहले आए हुए लोग भी उसके मक़ाम को नहीं पा सके थे और ना बाद में आने वाले उसके मक़ाम को पा सकते हैं।"

और रसूलुल्लाह सल्लललाहु अलैहे व आलिही व सल्लम ने उसके लिए फरमाया है कि, "कल मैं उस शख़्स को झंडा अता करूँगा जो, अल्लाह त'आला और उसके रसूल से मुहब्बत करता है और अल्लाह त'आला और उसका रसूल भी उस से मुहब्बत करते हैं और जिब्राईल (जिब्रील) इसके दायीं ओर और मीकाईल इसके बायीं ओर से लड़ते हैं। फिर इसका झंडा वापिस नहीं आएगा हत्ता के अल्लाह तबारक़ व त'आला उसे फ़तहयाब फरमा दे।"

उन्होंने कोई भी दीनार ओ दिरहम नहीं छोड़ा, सिवाय सात सौ दिरहम के जो उन्होंने अपनी कमाई से लिए थे और आपका इरादा था की इन दिरहम से अपने घरवालों के लिए एक ख़ादिम खरीदें।

अब फिक्र करने की बात ये है कि खुदको हसनी सादात कहने वाले हमारे कुछ सादात भाईयों का अक़ीदा, अपने ही जद, इमाम हसन अलैहिस्सलाम से अलग कैसे हो गया?, अगर आप फिक्र करें तो ये ही पाएँगे की ये सब मौलवी हज़रात की गलत तालीम और अहमक़ाना बातों का ही नतीजा है।

मैंने ये बात तो बता दी की सैयद, शियाओं में भी होते हैं। अब अहले सुन्नत वल जमात में मौजूद सैयदों से बअदब गुज़ारिश कर रहा हूँ, आप जिस भी अक़ीदे को मानना चाहें मानें लेकिन कमज़कम, आपके जद ए आला, हज़रत अबु तालिब को काफ़िर कहने वालों की खुलकर मुखालिफ़त करो। और अगर आप सादात हैं और कोई आपके बाबा हसनैन करीमैन या मौला अली अलैहिस्सलाम की तारीफ़ करे या उन्हें अव्वल व अफ्ज़ल समझे तो आपको खुशी भले ही ना हो लेकिन उस शख़्स से नफ़रत भी नहीं होना चाहिए। शिया कुछ काम ऐसे भी कर रहे हैं जो हर सादात को करना चाहिए।

अगर आप इसपर फिक्र करेंगे तो हैरान रह जाएँगे कि मौलवी ने कुछ सुन्नी सादातों को इतना बरगला दिया है कि अब वो खुदके अज्दाद को काफ़िर सुनकर, छोटा सुनकर खुश होते हैं और दुश्मनाने अहलेबैत अलैहिस्सलाम का दिफा करते हैं। शायद जाने अनजाने में ही सही पर करते हैं। अल्लाह, हिदायत आम करे। अल्लाहुम्मा सल्ले अला मुहम्मद व अला आले मुहम्मद।

18

वलियों की बेअदबी

नफ़रत की आग बढ़ी और फैलती चली गई। लोगों ने वलियों के भी मसलक बताने शुरू कर दिए और अनक़रीब है वो वक़्त जब ये मौलवी, 80% वलियों को भी राफ़ज़ी काफ़िर साबित करने में लग जाएँगे। मसलन के तौर पर हज़रत ख्वाजा मोईनुद्दीन चिश्ती रहमातुल्लाह आलेह तो फरमाते हैं की हुसैन ही दीन है। हज़रत बेदम शाह वारसी रहमातुल्लाह आलेह फरमाते हैं, पंजतन पाक ही मक़्सूदे क़ायनात हैं। हज़रत निज़ामउद्दीन औलिया रहमातुल्लाह आलेह के शागिर्द अमीर ख़ुसरो फरमाते हैं, "दमा दम मस्त कलंदर, अली दम दम में अंदर", ये सब मौलवी साहब की नज़र में वली हैं, काफ़िर हैं या मुसलमान?

एक वाक्या याद आ रहा है, आपके सामने रख रहा हूँ। मुझे नहीं मालूम की पूरे भारतवर्ष में ऐसा होता था या नहीं लेकिन हमारे गाँव व आस-पास के लोग, शादी ब्याह के मौके पर, एक रात रतजगा करते थे और उसमें गुलगुले (गुड़ व आटे का एक मीठा पकवान) और रहम (शक्कर व आटे का एक मीठा पकवान) बनाते थे और हज़रत शेख़ सद्दूक़ की नियाज़ देते थे। मैं ये हरगिज़ नहीं कह रहा कि ये निकाह के लिए ज़रूरी है या ऐसा करना चाहिए या नहीं करना चाहिए। लेकिन लोग ऐसा करते थे। बाद में कुछ मौलवी साहब ने लोगों को बताया की ये शेख़ सद्दूक़

तो शिया था, ये कोई वली औलिया नहीं है वगैरह। लेकिन कहते हैं ना की एक बार अगर कोई रिवाज बन जाए तो आसानी से नहीं मिटता, तो लोगों ने ये नियाज़ जारी रखी।

अब मौलवी साहब को बड़ी बेचैनी हुई की आख़िर कैसे एक वली की नियाज़ बंद कराई जाए जो शिया है। तो मौलवी साहब ने लोगों को डराना शुरू किया और बेचारे गाँव-वाले, शहरी लोगों की तुलना में जल्दी डर जाते हैं। उनसे कहा कि शेख़ सद्दूक़ की नियाज़ करके अगर सिर्फ़ गुलगुले खा लो रहम ना खाओ, तो वो रहम नहीं करते, मार डालते हैं। शेख़ सद्दूक़ हर साल एक जान माँगते हैं, बकरे की कुर्बानी देनी होती है वो भी बंद कमरे में, वगैरह-वगैरह। कुछ लोग डर गए और मौलवी साहब से पूछा की अब क्या किया जाए?

अब मौलवी साहब फ़ातिहा बंद भी नहीं करवा सकते क्योंकि नियाज़/ फ़ातिहा पढ़ने के नाम पर पैसे भी लेने होते हैं और शेख़ सद्दूक़ की नियाज़ भी नहीं होने देना क्योंकि वो शिया हैं तो मौलवी साहब ने लोगों को समझाया की शेख़ सद्दूक़ को छोड़ दें और सुन्नी वलियों की नियाज़ कराएँ। यानी उसने एक बड़े वली को शैतान की तरह साबित करने की कोशिश की। जबकि हज़रत शेख़ सद्दूक़ रहमातुल्लाह आलेह, एक बड़े मुहिब्ब ए अहलेबैत भी रहे हैं और हदीसों को जमा करके आपने किताब भी तसनीफ़ की है। यानी मुहद्दिस (अहले सुन्नत भाई, हदीस लिखने वालों को मुहद्दिस कहते हैं) रहे हैं। तो आने वाले वक़्त में मौलवी साहब, सैंकड़ों वलीयुल्लाह को इसी तरह शिया, राफज़ी, काफ़िर होने का सार्टिफिकेट देते नज़र आएँगे।

एक बात याद रखना, वली अल्लाह का होता है, आलिम दीन का होता है। इसके अलावा जो मसलक-परस्त हैं, उनको मानना और उनकी

अँधभक्ति करना, आपको सिवाय नुकसान के और कुछ नहीं देगा। अकेले दौड़कर, खुदको पहला नंबर दे देने से आप जीत नहीं जाओगे इसलिए हर एक मसलक की किताबों को पढ़ते रहें। कुछ मौलवी साहब आपको अपने कुएँ का मेंढ़क बनाना चाहते हैं। अब फैसला आपका है की आप इल्म हासिल करेंगे, तहक़ीक़ करेंगे या मौलवी साहब की अँधी तक़लीद करेंगे। अल्लाह रब उल इज़्ज़त हम सबको हक़्क़ बात कहने, सुनने व समझने वाला बनाए। अल्लाहु अकबर कसीरन कसीरा। अल्लाहुम्मा सल्ले अला मुहम्मद व अला आले मुहम्मद।

19

मुहर्रम पर रोक

साल भर मीलाद उन नबी के जुलूस की दिफ़ा करके और दूसरे मसलकों को कोसकर, चंदे का धंधे चलाने वाला कमज़र्फ़ मौलवी, जुलूस ए हुसैन देखकर बौखलाने लगता है। मीलाद उन नबी के जुलूस में थिरकने वाले मौलवी को, मुहर्रम के ढोल की आवाज़ चुभने लगती है और शरियत याद आने लगती है की मौसीक़ी हराम है। दरअसल इसे करबला याद आ जाती है और करबला के अंजाम को सोचकर इसे समझ में आने लगता है की अगर मुसलमान हुसैनी हो गए तो चंदे का धंधा ज़्यादा नहीं चल सकेगा।

कुछ मौलवी कहते हैं, जुलूस ए हुसैन में बेपर्दगी होती है। तो मौलवी साहब! जुलूस ए मीलाद उन नबी में कौन सी पर्दादारी होती है?, औरतों को तो ऐसे किसी जुलूस में बेपर्दा जाना ही नहीं चाहिए, जहाँ मर्द भी हों। फिर चाहे वो जुलूस ए हुसैन अलैहिस्सलाम हो या जुलूस ए मुहम्मद सल्लललाहु अलैहे व आलिही व सल्लम हो। एक बात और मौलवी साहब! वो ये कि आपको रोज़मर्रा की ज़िंदगी में बाज़ारों में घूमती हुई, बेपर्दा औरतें नज़र नहीं आतीं?, इस मामले में तो आपके मुँह से कभी दो लफ्ज़ भी सुनने नहीं मिलते। क्या आपने नहीं देखा की शादियों में बैंड-बाजा, डीजे, बेपर्दगी सब आम होती है?, आपने तो इसे रोकने की कोई

कोशिश कभी की ही नहीं। अगर आपको बेपर्दगी से इतनी ही तकलीफ़ है तो सबसे पहले बाज़ारों और शादियों में हो रही बेपर्दगी को रोकिए। ये जुलूस ए हुसैन व मुहर्रम रोकने के लिए शरियत के नाम पर नाटक-नौटंकी करना बंद करिए।

इश्क़ और मुश्क़ छिपाए नहीं छिपते। मौलवी साहब! यज़ीद के बाप-दादा से कितनी मुहब्बत करते हैं, ये भी सबको मालूम है। अबुल यज़ीद ने अपनी हयात में ही, अपने नालायक और बेहूदे बेटे के लिए बै'अत लेना शुरू कर दिया था और उम्मत के सर पर उस जैसा ज़ालिम और नाकारा ख़लीफ़ा थोप दिया था।

मरवानी मौलवी साहब को हर वक़्त ये डर रहता है, अगर मुहर्रम आम होगा तो करबला आम होगी और जब करबला आम होगी तो इनका मामूज़ाद भाई यज़ीद फँस जाएगा और यज़ीद फँसेगा तो बात ये उठेगी की लाखों सहाबा और ताबाईन के होते हुए, इतना घटिया आदमी ख़लीफ़ा कैसे बन गया?, और जब इस पर तहक़ीक़ की जाएगी तो कई खुलासे होंगे - यज़ीद जैसे पलीद को ख़लीफ़ा किसने बनाया?, जब उस दौर में सहाबा और ताबाईन की तादाद ज़्यादा थी तो उसकी बै'अत किसने और क्यों की?, क्या उस दौर के मुसलमानों ने डरकर बै'अत की?, क्या उस दौर के मुसलमानों ने बिक कर बै'अत की?, वगैरह-वगैरह।

एक साहब कहने लगे, जब लगभग सारे सहाबा व ताबाईन ने यज़ीद को ख़लीफ़ा मानकर बै'अत कर ली थी, तो हुसैन ने क्यों नहीं की?, अरे अक़्ल के अँधे! सवाल तो ये करना चाहिए कि जब सिब्त ए रसूल, इमाम हुसैन अलैहिस्सलाम ने ही यज़ीद की बै'अत नहीं की तो बाकि सहाबा व ताबाईन कहलाने वाले लोगों ने बै'अत क्यों कर ली?

यूँ तो अहले सुन्नत के अंदर बने कई मसलक, मुहर्रम में करबला की याद करते हैं सिवाय दो-तीन गिरोहों के कि जिनका काम ही, अपने मौलवी को दूसरों पर थोपना है और ये शिया तो क्या अपने ही सुन्नी भाईयों को तक बुरा-भला और इस्लाम से ख़ारिज बताते हैं। इनको ये लगता है की बस इनका मौलवी ही सुन्नी था और अब ये ही सुन्नी हैं बाकि सब इस्लाम से ख़ारिज हैं।

अगर आप इल्म हासिल करें और तहक़ीक़ करें तो आप पाएँगे की मौलवी साहब जो दे रहे हैं वो तख़्लीक़ी दीन है और हुसैनियत जो आम करती है वो ही हक़ीक़ी दीन ए इस्लाम है। हाँ वो ही हक़ीक़ी दीन ए इस्लाम जो अल्लाह को कुबूल है।

मौलवी साहब को कहीं मुहर्रम से तक़लीफ़ है, कहीं ढोल से, कहीं ताज़िया से तो कहीं सबील ओ लंगर से। कहीं मातम से तो कहीं अलम ए अब्बास से। मेरे अपनों! मुहर्रम में याद ए शहीदाने करबला ना छोड़ना, हुसैनियत से ही दीन है, हुसैनियत से ही इंसानियत है। मौलवियत तुम्हारी नस्लों को ना दीन का छोड़ेगी और ना दुनिया का। कुरआन ओ अहलेबैत अलैहिस्सलाम को थाम लो, ये ही कामयाबी और अल्लाह तक जाने की एक वाहिद हक़ीक़ी राह है।

20

शिया का मातम हराम है

अहले तशय्यो हज़रात, मुहर्रम के महीने में मातम करते हैं, खुदके जिस्म पर, सीने पर हाथ मारते हैं या ज़ंजीर या चाकुओं का मातम करते हैं यानी जुलूस निकालते हुए खुदको मारते हैं। अब ये करना सही है या गलत है, इस पर एक लंबी बहस या मुनाज़रा किया जा सकता है लेकिन हमारे मौलवी साहब इसे हराम करार देते हैं।

लोगों के ग़म मनाने का अपना-अपना तरीका होता है कोई रोकर ग़म मनाता है, कोई सिसक कर, कोई चीखकर और कोई खुदका सीना पीटकर। मौलवी साहब की तक्लीफ़ भी अजीब है, शियाओं को काफ़िर भी कहना है और फिर उनके हर अमल पर टिप्पणियाँ भी करनी हैं। अरे मौलवी साहब वो तो आपकी नज़र में काफ़िर हैं, फिर आपको तक्लीफ़ क्यों हो रही है?, वो अपने सीनों पर मारकर मातम करते हैं या आपके सीनों पर मारकर मातम करते हैं?

एक मरवानी मौलवी ने मुहर्रम आशूरा के रोज़ निकाह करने को जायज़ बताया और इस ग़म भरे दिन में खुशियाँ करने, शादियाँ करने की रस्म आम करने की कोशिश की। और भी कई मरवानी मौलवियों ने उसका साथ दिया। शरियत इस बारे में क्या कहती है?, शरियत, बंदे को निकाह करने से किसी दिन नहीं रोकती। लेकिन फिर भी इंसान ग़म के दिनों में शादियाँ करना पसंद नहीं करता।

अगर किसी का निकाह तय हो गया हो और निकाह के दिन या एक दिन पहले उसके वालिद या वालिदा का या जद या जद्दा का इंतिक़ाल हो जाए तो क्या वो निकाह करेगा?, या फिर किसी के वालिद का इंतिक़ाल अगर किसी दिन हुआ हो मसलन के तौर पर 23/08 तारीख़ को, तो क्या वो अपने निकाह के लिए भी ये ही तारीख़ चुनेगा?, अगर नहीं, तो क्या शरियत में मनाही है?, बिल्कुल भी नहीं लेकिन वो बाप की मुहब्बत में कमज़कम उस दिन निकाह नहीं करेगा जिस दिन, उसके वालिद का विसाल हुआ।

फिर मौलवी साहब साल के 365 दिन में से उसी दिन निकाह करने-कराने की ज़िद पर क्यों अड़े हैं कि जिस दिन रसूलुल्लाह सल्ललल्लाहु अलैहे व आलिही व सल्लम का घराना उजाड़ दिया गया?

मैं किसी पर मातम करने या ग़म मनाने का एक तरीका थोपने की कोशिश नहीं कर रहा बल्कि जिसे जिस तरह से ग़म मनाना हो वो मनाए। बस करबला और मक़सद ए करबला आम होना चाहिए लेकिन मैं मुल्ला जी का निफ़ाक़ ज़रूर दिखाना चाहूँगा।

बहुत सारे सुन्नी मुसलमान भाई-बहन, शब ए ब'रात के रोज़, हज़रत उवैस करनी रज़ियल्लाहु अन्हो की नियाज़ कराते हैं और मौलवी साहब एक किस्सा बयान करते हैं कि एक जंग के दौरान, रसूलुल्लाह सल्लल्लाहु अलैहे व आलिही व सल्लम का एक या दो दाँत मुबारक शहीद हो गए, जब ये बात, हज़रत उवैस करनी रज़ियल्लाहु अन्हो को मालूम हुई तो उन्होंने मुहब्बत ए रसूल में एक दाँत तोड़ा फिर ख़्याल आया कि पता नहीं रसूल ए ख़ुदा का कौन सा दाँत शहीद हुआ है और आपने, एक-एक करके अपने सारे दाँत तोड़ लिए।

अब ये वाक्या कितना सच्चा है, ये तो अल्लाह ही बेहतर जानने वाला है लेकिन मौलवी साहब का निफ़ाक़ देखिए कि हज़रत उवैस करनी मुहब्बत ए रसूलुल्लाह में सारे दाँत ख़ुद तोड़ लें तो बड़े मुहिब्ब ए अहलेबैत और शिया हज़रात ग़म ए हुसैन में मातम करलें और सीना पीट लें तो हराम करने वाले?, वाह रे मौलवियों! क़ुरआन पढ़ते वक़्त, आयात पढ़ते हुए जब ज़िक्र ए ज़ुलेखा पढ़ते हो कि आपने जब युसुफ़ अलैहिस्सलाम को औरतों के सामने बुलवाया तो तमाम औरतों ने आप युसुफ़ अलैहिस्सलाम को देखकर अपनी ऊँगलियाँ काट लीं। तब भी हराम-हराम का फ़त्वा लगाते हो या ये फ़त्वा सिर्फ़ शियाओं तक ही महदूद कर रखा है?

मैं मातम के किसी एक तरीके को थोपने की बात नहीं करता कि बस ये तरीका सही है और बाकि तमाम तरीके गलत। मैं तो क़ुरआन की हर एक आयत पर ईमान रखता हूँ और इसे सच्चा जानता हूँ लेकिन सोचकर देखिए -

अगर कोई ग़ैर-मज़हब का इंसान मौलवी साहब के पास आए और सवाल करे, "क्या युसुफ़ अलैहिस्सलाम खूबसूरत थे?", मौलवी साहब कहेंगे,

"हाँ।", वो सवाल करेगा, "फिर आपके रसूल, मुहम्मद सल्लललाहु अलैहे व आलिही व सल्लम तो और भी ज़्यादा ख़ूबसूरत होंगे कि उन्हें तो बग़ैर देखे ही उनके चाहने वालों की तादाद करोड़ों में है?", मौलवी साहब फख़्र से कहेंगे, "बेशक", अब ज़रा तसव्वुर करिए की ग़ैर-मज़हब के शख़्स ने मौलवी साहब के सामने चाकू रखकर कह दिया, "क्या मुहम्मद रसूलुल्लाह को याद करते हुए आप भी ऊँगलियाँ काट लेंगे और आपको पता भी नहीं चलेगा?, या क़ुरआन की ये आयत सही नहीं?" (माज़'अल्लाह)

मौलवी साहब शायद ख़ामोश रह जाएँ लेकिन मैं उन्हें शियाओं का मातम दिखाकर जवाब दे दूँगा कि जिन मुहम्मद रसूलुल्लाह की तुम बात करते हो, ये उनके नवासे के इश्क़ में ख़ुदको भूल गए हैं और ख़ून बहा-बहाकर मातम कर रहे हैं। जब नवासे की मुहब्बत में ये हाल बना रखा है तो नाना की मुहब्बत में इन दीवानों का हाल क्या होगा?, अल्लाहुम्मा सल्ले अला मुहम्मद व अला आले मुहम्मद।

21
मुहर्रम में खुशी के ढोल व जुलूस

मैंने खुद, बहुत सारे मरवानी मौलवियों को ये कहते सुना है कि शियाओं ने ही इमाम हुसैन अलैहिस्सलाम व 72 हुसैनियों को शहीद किया, फिर शहीदाने करबला के सरों को काटा और नेज़े पर सजाया और खुशी के ढोल बजाते हुए, जुलूस निकाला। आज भी शिया ये ही करते हैं।

मौलवी साहब! क्या शियाओं के जुलूस में आपने या अली या हुसैन, हक़ हुसैन के नारे नहीं सुने?, क्या यज़ीद पलीद की फौज ने भी इन्हीं नारों के साथ जुलूस निकाला था?, या ये भी आपका ही बनाया हुआ एक झूठ है जिसके ज़रिए आप, ज़िक्र ए करबला व ज़िक्र ए हुसैन रोकने की नाकाम कोशिशें करना चाहते हैं?

सबसे पहले तो अपने तमाम भाई-बहनों को बता दूँ कि मौलवी साहब ये तो बताते हैं कि इस्लाम में आलात ए मौसीक़ी बजाना हराम है लेकिन ये नहीं बताते की सूर, बिगुल, ढोल वग़ैरह का तआल्लुक़ मौसीक़ी से है या ऐलान से है?, भारतवर्ष में एक मुहावरा प्रचलित है, ढोल पीटना या

ढिंढोरा पीटना, अगर कोई ऐसी बात हो जिसे राज़ रखना थी लेकिन कोई उसे सबको बता दे तो कहा जाता है की फलाँ बात का ढिंढोरा मत पीटो। ऐसा क्यों?

दरअसल, इल्म हासिल करना बहुत ज़रूरी है और जो इल्म हासिल नहीं करेगा वो मरवानी मौलवियों की तरह ही खुद ज़लील होगा।

पहले के दौर में प्रिंट मीडिया, डिजीटल मीडिया, सोशल मीडिया, मोबाईल फोन वगैरह नहीं होते थे, ऐसे में किसी भी बात का ऐलान करने के लिए ढोल का इस्तेमाल किया जाता था, एक आदमी ढोल बजाता था ताकि लोगों तक आवाज़ जाए और वो ये सुनने बाहर आ जाएँ की क्या ऐलान हो रहा है, आदमी की आवाज़ से ज़्यादा तेज़ और स्पष्ट आवाज़ ढोल की आती थी या यूँ कहूँ की अगर सैंकड़ों लोग बात कर रहे हों तो पता कैसे चलेगा की ऐलान हो रहा है या आपसी बातचीत या कोई यूँ ही चिल्ला रहा है, तो एट्रेक्ट करने के लिए, तवज्जो दिलाने के लिए ढोल का इस्तेमाल किया जाता था।

जंग जीतने का ऐलान भी ढोल बजाकर ही किया जाता था और इसमें भी कोई शक नहीं कि हुसैन इब्न ए अली अलैहिस्सलाम व 72 शोहदा ए करबला का गला काटने के बाद यज़ीद की फौज ने जुलूस भी निकाला था और ऐलान किया था कि हुसैन की शिकस्त हुई और यज़ीद जीत गया, यज़ीदी कहते थे कि हमने बागियों को मार दिया और बगावत कुचल दी लेकिन वो ये भूल गए थे की हुसैन एक इंसान नहीं जो क़त्ल हो सके, हुसैन तो एक सोच है जिसे हुसैनियत कहते हैं।

बाज़ार ए शाम हो या दरबार ए शाम, कभी अम्मा ज़ैनब तो कभी इमाम सज्जाद के ख़ुत्बों की ललकार और वार ने ही यज़ीदियों को एहसास करा दिया की दरअसल, सर कटा कर भी जंग हुसैनियत ने जीत ली है और यज़ीद जंग जीतकर भी यज़ीदियत को बचा ना सका। जामिया मिल्लिया इस्लामिया की बुनियाद रखने वालों में से एक, मुहम्मद अली जौहर साहब ने क्या खूब कहा है -

वक़ार-ए-ख़ून-ए-शहीदान-ए-कर्बला की क़सम
        यज़ीद मोरचा जीता है जंग हारा है ....

तो मुल्ला जी! शिया भाई और बहुत सारे सुन्नी भाई भी जुलूस ए हुसैन निकालते हैं, उसमें ढोल, नाचने गाने नहीं बल्कि ऐलान करने के लिए बजाए जाते हैं और परचम लहराकर, नारे लगाकर ऐलान किया जाता है की हुसैन कल भी ज़िंदाबाद था, हुसैन अब भी ज़िंदाबाद है और हुसैन ही ज़िंदाबाद रहेगा। यज़ीदियत मिटकर रहेगी और हुसैनियत फैलकर रहेगी।

ख़ैर मैं मुल्ला जी की तक़लीफ़ भी बखूबी समझ सकता हूँ कि उनके मामूज़ाद भाई की हार उनसे बर्दाश्त नहीं होती। इन्हें लगा था की अहलेबैत अलैहिस्सलाम को शहीद करके ये अपनी हुकूमत बना लेंगे लेकिन अब आलम ये है की घर-घर हुसैनियत है, घर-घर हुसैन हैं। या अलैहिस्सलाम।

तो मेरे अपनों! जुलूस ए हुसैन अलैहिस्सलाम निकालते रहें ताकि आपकी नस्लों को करबला व हुसैन अलैहिस्सलाम याद रहें। वरना आपकी नस्लें बुज़दिल हो जाएँगी और मुल्ला जी तो यज़ीद को भी

रज़ियल्लाहु अन्हो बनाने की कोशिशों में लगे हैं, कुछ तो बना भी चुके हैं।

मेरे अपनों! कमज़कम इतना तो ज़िक्र ए अहलेबैत करते रहो की तुम्हारी नस्लें हुसैनियत और यज़ीदियत का फ़र्क़ समझ सकें। अल्लाहुम्मा सल्ले अला मुहम्मद व अला आले मुहम्मद।

22

अलम से निकाह टूटना

ये बड़ी हँसी की बात भी है और शर्म की भी। कुछ मरवानी मौलवियों ने फ़तवा दिया है कि अलम ए अब्बास देखने से निकाह टूट जाता है। या नबी, या रसूलुल्लाह का नारा लगाने वाले मौलवी का निकाह, उस अलम को देखकर कैसे टूट जाता है जिसपर कलमा लिखा होता है, अल्लाह का नाम लिखा होता है, रसूलुल्लाह का नाम लिखा होता है, चौदह मासूमीन का नाम लिखा होता है, या अली, या हसन, या हुसैन, या अब्बास लिखा होता है।

तआज्जुब की बात तो ये भी है कि मौलवी साहब ने पता नहीं किन नालायकों से इतना कमज़ोर निकाह पढ़वाया है जो एक अलम देखकर ही टूट जाता है। या फिर इसके पीछे भी कोई बहुत बड़ी वजह या साज़िश है?

दरअसल इस अलम को देखकर भी मौलवी साहब डर जाते हैं कि उनके मामू के बेटे की फौज ने अब्बास अलमदार के दोनों मुबारक हाथ कलम

कर दिए थे और उन्हें लग रहा था कि दीन ए हक़ का अलम हमने गिरा दिया। आज देखते हैं कि हमने एक अलम गिराया था और आज हर शहर में सैंकड़ों की तादाद में लोग अलम ए अब्बास बुलंद किए हुए जुलूस में चले जा रहे हैं।

दरअसल मरवानी मौलवी साहब, सिर्फ़ एक अलम से नहीं डरते बल्कि ज़िक्र ए करबला से डरते हैं क्योंकि इनके मसलक के बच्चे और नौजवान अगर तहक़ीक़ करने पर उतर आए तो इतने खुलासे होंगे, इतने सवाल पैदा होंगे कि इनसे अपने ही मसलक को सँभालते नहीं बनेगा।

मुल्ला जी भी ये जानते हैं कि सच को दबाया जा सकता है लेकिन छिपाया नहीं जा सकता यानी एक ना एक दिन वो निकलकर सामने आ ही जाता है इसलिए वो अपने मसलक के नौजवानों को हक़ से दूर, तहक़ीक़ से दूर रखे हैं। इस बीच अपने मसलक के लोगों के दिल ओ दिमाग़ में वो चीज़ें डाल रहे हैं, जिससे वो अँधभक्ति की तरफ़ आ जाएँ।

मसलन के तौर पर मौलवी साहब सिखा रहे हैं, हर सहाबा जन्नती जबकि क़ुरआन में सूरः मुनाफ़िक़ून, सूरः हश्र और भी कई सूरः की आयात में खुलकर बताया गया है की कुछ लोग ऐसे भी थे जिन्होंने दौर ए रसूल पाया, आपके हाथ पर कलमा पढ़ा लेकिन अंदर से बेईमान रहे।

मौलवी साहब ये सिखा रहे हैं कि इमाम हुसैन अलैहिस्सलाम के वालिद हों या यज़ीद पलीद का बाप हो, दोनों सहाबा तो सहाबा, दोनों एक बराबर हैं। (माज़अल्लाह), जबकि सूरः बक़र में तो एक आयत में साफ़-साफ़ बयान हुआ है की तमाम अम्बिया भी एक मर्तबे के नहीं बल्कि उनमें से बाज़ को बाज़ पर फ़ज़ीलत दी गई है।

मौलवी साहब बताते हैं की हर सहाबा को मानना ज़रूरी है जबकि कुरआन में ऐसा कोई हुक्म मौजूद नहीं। हाँ ये की दिल में मवद्दत ए अहलेबैत रखना फर्ज़ है और फर्ज़ ही क्या ये अज्र ए रिसालत भी है। लोग मुहब्बत व मवद्दत को एक ही समझते हैं हालाँकि कुरआन में मुहब्बत और मवद्दत अलग-अलग बयान हुए हैं।

एक मिसाल देकर समझाता हूँ की दोनों में फ़र्क क्या है?, मछली और कछुआ दोनों पानी में रहते हैं लेकिन कछुआ पानी से मुहब्बत करता है और मछली पानी से मवद्दत रखती है, अगर हम कछुआ को पानी से बाहर निकाल दें तो वो बाहर भी ज़िंदा रहेगा, हालाँकि उसका दिल भी पानी में जाने का करेगा लेकिन वो मरेगा नहीं। इसके उलट अगर हम मछली को पानी से बाहर निकाल लें तो वो कुछ ही देर में तड़प-तड़पकर मर जाएगी। यानी अहलेबैत ए रसूल से कमज़कम इतनी मवद्दत करना चाहिए की उनसे ज़रा सा दूर होने पर आप तड़प उठें।

मेरे अपनों! अलम की अज़्मत को पहचानें और सलामी पेश करें। जब तक ये हुसैनी अलम, अलम ए अब्बास बुलंद रहेगा, हक़ीक़ी दीन के मुक़ाबले में तख़्लीक़ी दीन कभी बुलंद ना हो सकेगा। दीन अस्त हुसैन। अल्लाहु अकबर कसीरन कसीरा। अल्लाहुम्मा सल्ले अला मुहम्मद व अला आले मुहम्मद।

23

ताज़ियादारी हराम है

अगर कोई शख़्स ताज़िया के सामने जाकर सज्दे करे, शिर्क करे, ताज़िए को बुत समझकर माने तो बेशक ये बहुत गलत बात है। लेकिन कोई ताज़िया की परस्तिश क्यों करेगा?, सिवाय जाहिलों के। ख़ैर, मौलवी साहब का फ़त्वा है कि ताज़ियादारी भी हराम है, ताज़िया देखना भी हराम है। तो पहले हमें ये समझना होगा की ताज़िया होता क्या है?

ताज़िया के मायने हैं, दिलासा, मातमदारी, शोक, संवेदना, सहानुभूति और मुहर्रम व करबला से जोड़कर देखा जाए तो हज़रत हुसैन अलैहिस्सलाम के रोज़ा की शबीह या शक्ल जो शोक के प्रतीक के तौर पर बनाई जाती है। ज़ाहिर सी बात है ये हज़रत हुसैन अलैहिस्सलाम की याद, करबला की याद ताज़ा करने के लिए बनाई जाती है, ना की शिर्क करने, अब फिर भी कोई जाहिल, शिर्क करने लगे तो ये उसका आमाल होगा। क्योंकि बहुत सारे जाहिल तो, बुज़ुर्ग औलियाओं की मज़ारों पर जाकर भी शिर्क करते फिरते हैं।

बहरहाल, ताज़िया, हुसैन अलैहिस्सलाम के मुबारक रोज़ा की शबीह या नक़ल है, ये हराम कैसे?, अगर ये हराम है तो आपके घरों में लगे वो तुग़रे

जिनमें खाना ए काबा की नक़ल, गुम्बज़ ए रसूलुल्लाह की नक़ल बनी है वो हलाल कैसे?, आपके मुल्ला जी के गुम्बज़ की तस्वीरें जो आपकी सोशल साईट्स पर डली हुई हैं, वो हलाल कैसे?, शबीह या नक़ल को देखकर असल की याद आती है।

आपके घर में लगी काबे की तस्वीर असल काबा नहीं, उसे असल काबा समझकर तवाफ़ कर लेना आपकी जहालत होगी, लेकिन उसकी बेहुर्मती करना भी जायज़ नहीं कि वो काबा की नक़ल है। फिर उसे घर में लगाने का क्या मतलब?, मतलब बस एक है कि इस नक़ल को देखकर असल काबा की याद आती रहे। फिर, इमाम अलैहिस्सलाम का ताज़िया हराम कैसे?

यहाँ भी मसला वो ही है कि शियाओं की आड़ लेकर यज़ीद की दिफ़ा करना है क्योंकि यज़ीद फँसेगा तो ऊपर तक के कई लोग फँसेंगे। कई सहाबा कहलाने वाले जब यज़ीदी फौज में हुसैन अलैहिस्सलाम के ख़िलाफ़ खड़े नज़र आएँगे तो उनकी सहाबियत का जनाज़ा उठ जाएगा और मौलवी साहब चाहकर भी बचा नहीं सकेंगे।

मैं भी शिर्क के खिलाफ़ हूँ लेकिन कोई शबीह ए रोज़ा ए हुसैन बनाए, मुहर्रम में करबला की याद ताज़ा करे, करबला आम करे तो ये बहुत अच्छी बात है। मैंने खुद मौलवी साहब को मीलाद उन नबी के मौके पर रसूलुल्लाह के रोज़े की शबीह तो दूर बल्कि अपने मसलकी मौलवी के रोज़े की शबीह के सामने झूमते देखा है। मगर अजीब बात है कि रसूल ए पाक से मुहब्बत और आल ए रसूल से नफ़रत का अजीब ओ ग़रीब अक़ीदा आम किया जा रहा है।

24

शिया ही कूफी हैं

कुछ मौलवी साहब ये बात फैलाते नज़र आते हैं कि जिन कूफियों ने हज़रत हुसैन अलैहिस्सलाम को धोखे से बुलवाया वो शिया थे। सबसे पहले तो आपको एक बात बता दूँ, कई शियाने अली अलैहिस्सलाम ऐसे हुए हैं, जिन्होंने पहले तो मौला अली अलैहिस्सलाम का साथ दिया लेकिन बाद में हक़ दीन से फिर गए और यज़ीद के बाप का साथ दिया या यज़ीद का साथ दिया लेकिन इसका ये मतलब हरगिज़ नहीं निकलता कि सारे शियाने अली अलैहिस्सलाम ही गलत ठहरा दिए जाएँ। अगर कूफियों में धोखेबाज़ थे तो मुख़्तार सक़्फी से नेक व वफ़ादार कूफी भी मौजूद थे।

अहले सुन्नत वल जमात के ज़्यादातर लोग चार इमामों को मानते हैं और उनमें भी सबसे ज़्यादा हज़रत अबु हनीफा साहब को माना जाता है। कूफियों को गद्दार और फिर शियाओं को कूफीयों की औलाद कहने वाले कुछ सुन्नी मौलवी ये भूल गए कि वो जिन हज़रत नोमान बिन साबित उर्फ़ अबु हनीफा की पैरवी करते हैं और उन्हें इमाम ए आज़म कहते हैं, वो भी कूफी ही थे और उनके वालिद भी कूफी ही थे। आपकी विलादत कूफी में हुई। अगर सारे कूफी ख़राब थे तो आपने एक कूफी को अपना इमाम क्यों मान लिया?, और अगर नज़दीक़ आपके एक इमाम, अबु हनीफा,

कूफी होकर भी सही हो सकते हैं और नेक हो सकते हैं, तो ये अपने आप में दलील है की और भी कई कूफी, नेक व बेहतर रहे होंगे।

वैसे भी इंसान का किरदार अपना खुद का होता है। वो कहाँ पैदा हुआ, इससे फर्क़ नहीं पड़ता। अगर कहाँ पैदा होने से फर्क़ पड़ता तो मक्का में रह रहे कुफ्फारे मक्का सबसे नेक होते और फारस में रह रहे मजूसियों के बीच में से सलमान फारसी कभी ना निकलते।

मैं इस तरह की बात करना तो नहीं चाहता लेकिन जब मुल्ला जी ने इल्ज़ाम लगाया है तो जवाब देना मजबूरी भी है और ज़रूरी भी। पहले कौन क्या था?, इससे क्या फ़र्क पड़ता है?, अगर पहले कौन-क्या था?, ये मायने रखता है तो आपके लगभग सारे सहाबा मुशरिक या काफ़िर साबित हो जाएँगे। तो हमें देखना ये चाहिए कि जंग ए करबला के दौरान कौन किसके साथ था?

क्या आपको लगता है कि अली अलैहिस्सलाम के शिया, हुसैन अलैहिस्सलाम के यानी अली अलैहिस्सलाम के बेटों को शहीद करने वाले रहे होंगे?, अगर आप ईमानदारी से तहक़ीक़ करें तो पाएँगे कि यज़ीद की फौज में यज़ीद के बाप को मानने वालों की तादाद ज़्यादा थी और आज के दौर में भी तहक़ीक़ कर लें कि कौन है, जो यज़ीद के बाप का मानने वाला है?, और कौन उसका मुखालिफ़ है?

वैसे तो मैं इस तरह की बेहूदी बातों से दूर रहता हूँ और बचता हूँ लेकिन फिर भी अगर मौलवी साहब की ज़िद ये ही है कि धोखेबाज़ कूफियों को शिया साबित किया जाए तो क्या क़ातिल ए हुसैन को सुन्नी साबित करेंगे?, क्योंकि यज़ीद के बाप को मानने का अक़ीदा तो कुछ सुन्नियों में

ही है बाकि एक भी शिया, उस आदमी को नहीं मानता। बल्कि बहुत से सुन्नी भी उसे नहीं मानते भले ही उसके मामले में सुकूत इख़्तियार कर लेते हों। तो मौलवी साहब ऐसी अहमक़ाना बातों से बचिए वरना दूसरों को फँसाने के चक्कर में आप ख़ुद भी फँस जाएँगे।

मेरे अपनों! इस बात में कोई शक नहीं कि कई कूफी व शियाने अली अलैहिस्सलाम ने ही मौला अली को छोड़कर बातिल को थाम लिया था लेकिन इस बात में भी कोई शक नहीं कि बहुत सारे ऐसे लोग जिन्हें सुन्नी सहाबा मानते हैं और जिन्होंने यज़ीद का दौर पाया उन्होंने, कई सहाबाओं के बच्चों ने और कई ताबाईन ने बल्कि इनकी अक्सरियत ने यज़ीद का साथ दिया था और हुसैन अलैहिस्सलाम का साथ नहीं दिया बल्कि इनमें से कुछ तो हज़रत हुसैन अलैहिस्सलाम के ख़िलाफ़ जंग करने भी आ गए।

हज़रत हबीब से सहाबा और हज़रत जौन से शियाने अली भी मौजूद रहे जिन्होंने सिब्त ए रसूल की दिफा में हक़ दीन के लिए अपनी क़ुर्बानी तक दे दी।

तो इन अहमक़ाना बातों में कुछ नहीं रखा है, लोगों को चाहिए कि हक़ को तलाशें, इल्म ओ मारिफ़त हासिल करें, तहक़ीक़ करते रहें। मरवानी मौलवियों की बातों में ना लगकर आप ख़ुद जब तहक़ीक़ करने लगेंगे तो पाएँगे कि आज के दौर में भी अगर कोई यज़ीद का हिमायती है तो वो मरवानी मुल्ला जी हैं और उनके शागिर्द हैं, कोई भी असल शिया-सुन्नी भाई, यज़ीद का मानने वाला नहीं हो सकता। अल्लाहुम्मा सल्ले अला मुहम्मद व अला आले मुहम्मद।

25

शिया ही क़ातिल ए हुसैन हैं

मुल्ला जी शियाओं पर क़त्ल ए हुसैन अलैहिस्सलाम का झूठा इल्ज़ाम लगाते हैं। हालाँकि मुल्ला जी खुद यज़ीद के बाप-दादा के मानने वाले हैं जबकि शिया तो यज़ीद पर उसके अज्दाद पर लानत करते हैं। अलबत्ता की मौलवी साहब तो शियाओं को इस वजह से भी काफ़िर तक कह देते हैं की शिया, यज़ीद पलीद के बाप-दादा को बुरा कहते हैं।

मैंने ऊपर भी इस बारे में खुलकर लिखा है कि इस तरह की बातों का कोई फायदा नहीं निकलता क्योंकि अगर आप अहलेबैत पर करबला में ज़ुल्म ढाने वालों को शिया साबित करना चाहोगे तो वो उन्हें सुन्नी साबित कर देंगे। हालाँकि हक़ीक़त तो ये है कि उस दौर के मुसलमानों ने यहाँ तक की सहाबा और ताबाईन ने भी यज़ीद का साथ दिया और सिब्त ए रसूल के ख़िलाफ़ जंग की।

अब आज आप खुद देख सकते हैं कि कौन लोग हैं जो अहलेबैत अलैहिस्सलाम के बराबर में सहाबाओं को खड़ा करने की नाकाम

कोशिशों में लगे हैं?, और कौन हैं जो यज़ीद के बाप-दादाओं की दिफा करने में लगे हैं।

हज़रत हुसैन अलैहिस्सलाम ने जिस मक़सद के लिए कुर्बानी दी है, क्या आज हम और आप उस मक़सद के लिए, मेहनतें कर रहे हैं?, क्या हम इमाम मेहदी अलैहिस्सलाम के लिए मेहनतें कर रहे हैं?, क्या आज हम और आप मौलवी के दीन पर नहीं चलते?, क्या हम और आप किसी एक मसलक पर चल रहे हैं या दीन पर?, और दीन पर चल रहे हैं तो किस दीन पर?, हक़ीक़ी दीन ए इस्लाम पर या तख़्लीक़ी दीन ए इस्लाम पर?

कभी वक़्त निकालकर ख़ुद ही इनपर सोचिए और फिर इल्म ओ तहक़ीक़ के रास्ते पर निकलकर देखिए, आपको भी हक़ नज़र आ जाएगा।

बहरहाल हज़रत हुसैन को क़त्ल करने वाले, अबुल यज़ीद के पैरोकार मुसलमान थे और मैं इतना जानता हूँ कि शियाओं में कोई भी शख़्स, अबुल यज़ीद को मानता ही नहीं। तो मौलवी साहब का ये दावा भी झूठा है और शिया-सुन्नी में नफ़रत पैदा करने के लिए गढ़ा गया है। झूठों पर अल्लाह की लानत हो।

अल्लाह हम सबको कुरआन ओ अहलेबैत को थामकर हक़ीक़ी दीन पर चलने वाला बनाए। अल्लाहुम्मा सल्ले अला मुहम्मद व अला आले मुहम्मद।

26

या हुसैन हम ना थे

मैंने एक मुल्ला जी को कहते सुना, "शिया बदबख़्तों ने, इमाम हुसैन अलैहिस्सलाम को घेरकर क़त्ल कर दिया और अब उनकी नस्लें मातम करते हुए ग़म मनाते हुए रो-रोकर कहती हैं कि या हुसैन हम ना थे यानी तेरे क़ातिलों में हम ना थे।", ये अहमक़ाना बातें मौलवी साहब ने या तो जानबूझकर की हैं या फिर मौलवी साहब हद से ज़्यादा बेवकूफ हैं, ये तो अल्लाह ही बेहतर जानने वाला है।

अब ज़रा "या हुसैन हम ना थे" की हक़ीक़त भी जान लीजिए। जब यौम ए आशूरा के रोज़, करबला के तपते मैदान में, हज़रत हुसैन बिन अली अलैहिस्सलाम का साथ देने वाला कोई ना बचा और हज़रत अली असग़र अलैहिस्सलाम ने भी अपनी क़ुर्बानी पेश कर दी तब मेरे इमाम ने ये सदा बुलंद की, "हल मिन नासिरिन यनसुरना", यानी क्या कोई है जो मदद के लिए आए?, जब शिया हज़रात मातम करते हैं तो कहते हैं, "या हुसैन हम ना थे।", यानी वो ये कहते हैं की या हुसैन जब आपने हल मिन की सदा बुलंद की तब हम नहीं थे वरना मदद के लिए ज़रूर आते। लेकिन मरवानी मौलवी की चालाकी देखिए की इतनी मुहब्बत भरी बात को किस तरह घुमाकर पेश कर दिया। झूठों पर अल्लाह की लानत हो।

इस तरह की बातें ना करके, मौलवी साहब को चाहिए था कि हक़ बात लोगों को बताते। मौला हुसैन अलैहिस्सलाम अस्र ए आशूर के वक़्त मदद के लिए पुकार रहे थे। इस बात को इस तरह समझिए कि एक बूढ़ा बाप घर में मौजूद हो, उसके घर पर हमला हो जाए और हमलावर उसके घरबार को क़त्ल कर दें तो वो बूढ़ा बाप भी मरना पसंद करेगा, ये तो हो गई, आम इंसान की बात अब बात करते हैं सिब्त ए रसूल की। हुसैन अलैहिस्सलाम, अपने बेटों के, भाई के, मुहिब्बों के लाशे उठा चुके हैं और दफ्ना चुके हैं और अस्र का वक़्त आ चुका है, आप इमाम हुसैन अलैहिस्सलाम, मदद के लिए पुकार रहे हैं। किसलिए?, जान बचाने के लिए?

हज़रत हुसैन अलैहिस्सलाम की पुकार सुनकर फरिश्ते और जिन्न दौड़े चले आए लेकिन आप अलैहिस्सलाम ने उनको वापिस लौटा दिया क्योंकि हुसैन अलैहिस्सलाम की पुकार इंसानों के लिए थी। वो हुसैन बिन अली अलैहिस्सलाम, जिनके लिए मौत कभी मसला थी ही नहीं, वो हुसैन बिन अली अलैहिस्सलाम जो ख़ौफ़ ए ख़ुदा के अलावा कोई ख़ौफ़ नहीं रखते, वो मदद के लिए पुकार रहे हैं। वो मदद की पुकार, जान बचाने की नहीं बल्कि मक़सद बचाने के लिए लगाई गई थी।

हर दिन ही करबला है, हर दिन ही आशूरा है, हर दिन ही हज़रत हुसैन अलैहिस्सलाम की पुकार फिज़ाओं में गूँज रही है कि, "है कोई मदद करने वाला?", अल्लाह की मदद यानी दीन की मदद, हुसैन की मदद यानी मक़सद ए हुसैन को आम करने की मदद, हक़ को हक़ कहने और बातिल को बातिल कहने की मदद, हक़ को आम करने की मदद, तख़्लीक़ी दीन को बेनक़ाब करने की मदद और हक़ीक़ी दीन को ज़िंदा करने की मदद।

अगर आप वाकई मुहम्मद ओ आल ए मुहम्मद के वफ़ादार हैं, मुहिब्ब हैं तो आपकी ख़्वाहिश ये होना चाहिए कि आप मक़सद ए हुसैन अलैहिस्सलाम के लिए अपनी-अपनी ज़िन्दगियाँ क़ुर्बान कर सकें। इमाम ए क़ायम के आमद की तैयारियाँ करना और शैतान के हर एक वार का डटकर मुकाबला करना चाहिए। लोगों को नेकी और हक़ की तरफ बुलाना और बुराई और बातिल की तरफ़ जाने से रोकना ही हुसैन अलैहिस्सलाम की पुकार का जवाब है।

27

बस अली-हुसैन को मानते हैं

बुग़्ज़ ए अहले तशय्यो में हद से गुज़र चुके अहमक़ मौलवी, अहलेबैत अलैहिस्सलाम से जुड़े मसलों में भी झूठ फैलाते नज़र आ जाते हैं। मरवानी मौलवी, शियाओं पर एक इल्ज़ाम ये भी लगाते हैं कि शिया, सिर्फ़ अली अलैहिस्सलाम व हुसैन अलैहिस्सलाम को मानते हैं।

कुछ मौलवी तो यहाँ तक कह देते हैं कि शिया, "हज़रत इमाम हसन अलैहिस्सलाम को भी नहीं मानते।", जबकि इनके दावे खोखले हैं, शिया हज़रात, इमाम हसन अलैहिस्सलाम को मानते हैं और इमाम हुसैन अलैहिस्सलाम से भी बढ़कर मानते हैं। यहाँ तक की इमाम हसन तो इमाम हुसैन के भी इमाम हैं।

हज़रत अली अलैहिस्सलाम का ज़िक्र ज़्यादा इसलिए किया जाता है क्योंकि वो वाहिद अमीरुल मोमिनीन हैं, आईम्मा ए अहलेबैत में पहले व सरदार हैं, सरदार ए विलायत हैं और इमाम हुसैन अलैहिस्सलाम का ज़िक्र ज़्यादा इसलिए किया जाता है क्योंकि उनके ज़माने में लोग

खुलकर सामने आ गए और मौला अली अलैहिस्सलाम के घराने को उजाड़ने के लिए ज़ुल्म ओ सितम ढाया गया।

इमाम हसन व इमाम हुसैन दोनों की औलादें शहीद कर दी गईं, व आपके घराने को क़ैद कर लिया गया। औरतों की चादरें छीन ली गईं, ज़ुल्म की इंतिहा कर दी गई।

मौलवी साहब! ज़रा सब्र रखो, ज़िक्र ए इमाम हसन अलैहिस्सलाम भी होगा और ज़िक्र ए फातिमा सलामुल्लाह अलैहा भी होगा। पहले आप, खुले दुश्मनाने अहलेबैत अलैहिस्सलाम को तो पहचानना और कुबूल करना सीख जाएँ। अभी तो आप कहीं यज़ीद को बचाते नज़र आते हैं, कहीं यज़ीद के बाप-दादा को। जिस पलीद ने सर ए आम, करबला बरपा दी, आप उसका बचाव करते हैं, इमाम हसन अलैहिस्सलाम के क़ातिलों की पहचान आम करने पर तो आपका दम ही उखड़ जाएगा।

वैसे शिया हज़रात आईम्मा ए अहलेबैत व चौदह मासूमीन का ज़िक्र कसरत से करते हैं। शोहदा ए करबला का ज़िक्र करते हैं। आईम्मा ए अहलेबैत के ख़ादिमों और कनीज़ों का तक ज़िक्र करते हैं। यहाँ तक की हज़रत इमाम हुसैन अलैहिस्सलाम की सवारी यानी ज़ुलजनाह का और मौला अली अलैहिस्सलाम की तलवार यानी ज़ुल्फ़िक़ार तक का ज़िक्र करते हैं।

यूँ तो हर दौर में आईम्मा ए अहलेबैत अलैहिस्सलाम पर ज़ुल्म ओ सितम ढाए गए लेकिन इमाम हुसैन अलैहिस्सलाम के दौर में सारे अहलेबैत ए रसूल पर दिन की रौशनी में खुले आम सितम ढाए गए और याद रखना सैंकड़ों का खून बहना एक तरफ़ और ज़ैनब सलामुल्लाह

अलैहा की चादर छिनना एक तरफ़। तो करबला में खुलेआम जुल्म ढाया गया और औरतों-बच्चों पर भी रहम ना दिखाया गया इसलिए ज़िक्र ए करबला, ज़िक्र ए हुसैन ज़्यादा हो रहा है।

अनक़रीब है वो वक़्त जब ज़िक्र ए फातिमा सलामुल्लाह अलैहा भी कसरत से होगा और उनपर जुल्म करने वालों पर भी खुलासे होंगे। इल्ला माशा'अल्लाह। अल्लाहु अकबर कसीरन कसीरा।

28

यज़ीद पर सब मढ़ना

जब मरवानी मौलवियों को ये बात समझ आ गई कि सबको बचा पाना तो मुमकिन ही नहीं है तब उन्होंने दिल पर पत्थर रखकर, मामूज़ाद भाई यानी यज़ीद पलीद की कुर्बानी दे दी। आज मजबूरी में ही सही लेकिन मौलवी साहब को भी यज़ीद पर लानतें करनी पड़ती हैं।

अगर हम इस बात को ऐसे समझें कि उस दौर के मुनाफ़िक़ीन ने अहलेबैत अलैहिस्सलाम के ख़िलाफ़ बड़ी साज़िश रची थी तो यज़ीद की औक़ात सिर्फ़ एक प्यादे से ज़्यादा और कुछ नहीं थी। सारा खेल पहले ही रचा जा चुका था और यज़ीद ने बस उसे अंजाम दिया था।

बाद ए पर्दा ए रसूल सल्लल्लाहु अलैहे व आलिही व सल्लम ही लोगों ने अहलेबैत अलैहिस्सलाम पर ज़ुल्म ओ सितम किया। फातिमा सलामुल्लाह अलैहा का फ़दक छिनना, अली अलैहिस्सलाम को ख़िलाफ़त ना मिलना, अली अलैहिस्सलाम के ख़िलाफ़ मुसलमानों (मुनाफ़िक़ीन) का जंग करने आ जाना, वो भी एक जंग नहीं, तीन-तीन।

हज़रत हसन अलैहिस्सलाम से ख़िलाफ़त छीनना। यज़ीद पलीद जैसे घटिया आदमी को ख़लीफ़ा बनाना उसके हक़ में बै'अत लेना वगैरह, बहुत कुछ गलत हुआ है।

करबला की बुनियाद तो बाद ए पर्दा ए रसूल ही पड़ चुकी थी और अम्मा फातिमा सलामुल्लाह अलैहा ने अव्वल ख़लीफ़ा के दरबार में दो मुकदमे दायर करके सबसे पहला इंक़लाब उठाया। मौला अली अलैहिस्सलाम ने मुनाफ़िक़ीन से जंग करके, हक़ व बातिल दोनों का चेहरा दिखा दिया। इमाम हसन अलैहिस्सलाम ने सुलह करके लाखों मुसलमानों को बचा लिया वरना हक़ीक़ी दीन, हक़ीक़ी शरियत तो कब की मिट चुकी होती।

इस एक यज़ीद पलीद को ढाल बनाकर, मौलवी साहब ने लाखों यज़ीदों को बचा रखा है। मौलवी साहब इसको काफ़िर कहते हैं इसलिए नहीं कि इससे नफ़रत है बल्कि इसलिए कि इस किरदार के सैंकड़ों लोग मौजूद हैं, जिन्हें बचाना है इसलिए यज़ीद को मुसलमान ही ना कहो। जबकि मैं साफ़ कहता हूँ यज़ीद, कलमा पढ़ने वाला मुसलमान था, हाँ ये की वो मुनाफ़िक़ीन में से एक था।

अहले सुन्नत में एक मसलक है अहले हदीस, उसके कई मौलवियों ने तो यज़ीद को खुलकर रज़ियल्लाहु अन्हो कहा और मैं उनका शुक्रगुज़ार हूँ। जब हमारे शिया-सुन्नी नौजवान, पढ़ेंगे की यज़ीद कैसा था और फिर भी इसे रज़ियल्लाहु अन्हो कहा जा रहा है तो फिर वो ये भी ज़रूर पढ़ेंगे और तहक़ीक़ करेंगे की ऐसे कितने रज़ियल्लाहु अन्हो हैं जो किरदार से यज़ीद हैं।

बहरहाल, मौलवी साहब चाहते हैं कि एक यज़ीद पर सारी गलतियाँ-गुनाह मढ़कर, बाकि सारे गुनाहगारों को बचा लिया जाए। हालाँकि मुसलमान नौजवानों को चाहिए कि हर मसलक की जमा की हुई इस्लामी तारीख़ और हदीस पढ़ें, क़ुरआन की रौशनी में उसे परखकर देखें। मौलवी साहब की अँधतक़्लीद व अँधभक्ति करने से बेहतर है, खुद तहक़ीक़ करें।

अल्लाहुम्मा सल्ले अला मुहम्मद व अला आले मुहम्मद।

29

नूह का बेटा और यज़ीद

कुछ अहमक़ मरवानी मुल्ले, अबुल यज़ीद को नूह अलैहिस्सलाम से और यज़ीद पलीद को नूह अलैहिस्सलाम के बेटे से तौलने की बेहूदी कोशिश करते हैं और ये बात फैलाते हैं कि शिया अबुल यज़ीद को इसलिए पसंद नहीं करते क्योंकि वो यज़ीद का बाप है और बुरे बेटे का बाप भी बुरा हो ये ज़रूरी तो नहीं।

जबकि हक़ीक़त इससे उलट है, शिया हज़रात हों या कई सुन्नी हज़रात, अबुल यज़ीद को इसलिए बुरा नहीं समझते कि वो यज़ीद का बाप था बल्कि उसके अपने आमाल इस बात की गवाही हैं की दरअसल यज़ीद पलीद से बढ़कर अबुल यज़ीद था।

अबुल यज़ीद ने क्या किया, हज़रत अली अलैहिस्सलाम को मिम्बरों से गालियाँ बकवाईं, हज़रत अली अलैहिस्सलाम पर क़त्ल ए उस्मान का झूठा इल्ज़ाम डाला, मौला अली अलैहिस्सलाम से जंग करने आ गया, कई सहाबाओं को क़त्ल करवाया, अम्मा आयशा रज़ियल्लाहु अन्हा को

भड़काया, हज़रत हसन अलैहिस्सलाम से ख़िलाफ़त लेने के लिए लड़ने आ गया, अपने जीते जी ही यज़ीद पलीद के हक़ में बै'अत लेना शुरू कर दी। वगैरह वगैरह।

अब मैं मौलवी साहब की उस अहमक़ाना बात का भी जवाब दे देता हूँ यानी हज़रत नूह अलैहिस्सलाम और उनके बेटे से अबुल यज़ीद और यज़ीद को कम्पेयर करना। हज़रत नूह अलैहिस्सलाम का बेटा गुनाहगार सही लेकिन उसने किस नबी के घरवालों का क़त्ल किया था?, नूह अलैहिस्सलाम के बेटे ने किस नबी के घर की बेटियों के सर से चादरें खिंचवाई थीं?, हज़रत नूह अलैहिस्सलाम ने किस नबी के घरवालों को गालियाँ बकीं और बकवाईं?, हज़रत नूह अलैहिस्सलाम ने किस नबी के किस सहाबा का क़त्ल करवाया?, हज़रत नूह अलैहिस्सलाम ने शरियत के ख़िलाफ़ क्या-क्या अमल ओ आमाल किए? (माज़'अल्लाह)

हज़रत नूह अलैहिस्सलाम से अबुल यज़ीद को कम्पेयर करना अम्बियाओं का मज़ाक बनाना है क्योंकि हज़रत नूह अलैहिस्सलाम ने कोई ख़ता नहीं की वो अम्बिया थे जबकि अबुल यज़ीद एक आम इंसान। दूसरी बात ये की नूह अलैहिस्सलाम का बेटा गुनाहगार था लेकिन क़ातिल ए अहलेबैत नहीं। अब ख़ुद बैठकर सोचना की गुनाहगार कई हैं, काफ़िर भी कई हैं, सबके गुनाह अलग-अलग हैं लेकिन अहलेबैत का क़त्ल करने और करवाने वाले बदज़ात इन सबमें सबसे बदतर हैं।

मौलवी साहब! अगर सोचना ही है तो यूँ सोचिए कि जब अल्लाह के नबी होने के बावजूद, आदम अलैहिस्सलाम, नूह अलैहिस्सलाम और लूत अलैहिस्सलाम का बेटा तक खराब निकल सकता है तो कोई सहाबी ए रसूल या नबी का दोस्त या गुलाम ख़राब क्यों नहीं निकल सकता?

या फिर ये सोचिए कि हज़रत ईसा बिन मरियम अलैहिस्सलाम नबी थे, इसके बावजूद उनके साथियों ने उन्हें धोखा दे दिया तो बाद ए पर्दा ए रसूल सल्लललाहु अलैहे व आलिही व सल्लम, ऐसे लोग क्यों नहीं हो सकते जो सहाबियत का चोला पहने थे और बाद ए पर्दा ए रसूल खुलकर सामने आ गए या मुनाफ़िक़त ज़ाहिर करने लगे।

अल्लाह रब उल इज़्ज़त हम सबको हक़ दीन पर चलने वाला यानी कुरआन ओ अहलेबैत को थामकर चलने वाला बनाए। अल्लाहुम्मा सल्ले अला मुहम्मद व अला आले मुहम्मद।

30

हुसैन ने क्या बचाया?

मरवानी यज़ीदी मुल्ला जी, एक और फित्ना आम करते हुए नज़र आते हैं और कहते हैं, "हुसैन अलैहिस्सलाम ने नमाज़ बचाई थी।", यानी उन्होंने हज़रत हुसैन अलैहिस्सलाम के उस अज़ीम इंक़लाब को, सिर्फ़ नमाज़ को बचाने तक महदूद करने की कोशिश की। जबकि हुसैन अलैहिस्सलाम ने तो तौहीद, रिसालत, नबूवत, विलायत, इमामत, शरियत, दीन, इस्लाम, ईमान, यहाँ तक सारी इंसानियत को बचाया था।

क्या यज़ीदी फौज, नमाज़ नहीं पढ़ती थी?, क्या यज़ीदी फौज में सहाबा, ताबाईन, सहाबा के बच्चे नहीं थे?, क्या यज़ीदी फौज में मुआविया के फौजी शामिल नहीं थे?, क्या हज़रत हुसैन अलैहिस्सलाम का सर काटते वक़्त मलऊनों ने नारा ए तकबीर बुलंद ना किया था?, क्या यज़ीदी फौज अज़ान नहीं देती थी?, क्या रोज़ा, हज, ज़कात में नहीं मानती थी?

बिल्कुल मानती थी। खुदको मुसलमान कहती थी और दीन के ज़रूरी अरकान पर अमल भी करती थी। फिर हुसैन अलैहिस्सलाम ने करबला

की बड़ी जंग, सिर्फ़ नमाज़ बचाने लड़ी?, दरअसल ये एक जंग नहीं बल्कि इंक़लाब था, मुसलमानों के बनाए तख़्लीक़ी दीन के मुक़ाबले में अल्लाह के हक़ीक़ी दीन को ज़िंदा करने का।

कुछ ख़लीफ़ाओं ने अपने निजी फायदे के लिए, दीन की शक्ल ओ सूरत बदल दी थी, इस्लाम अपनी असल सूरत में ना था। इंसानियत के लिए उतरा ये दीन, ख़लीफ़ाओं की जाँगीर बनकर रह गया था। अदल ओ इंसाफ़ का मेयार बनकर उतरा ये दीन, नबी करीम सल्लल्लाहु अलैहे व आलिही व सल्लम की ही बेटी को तक इंसाफ़ नहीं दिला सकता था। लेकिन हुसैन अलैहिस्सलाम ने अल्लाह के हक़ीक़ी दीन का परचम बुलंद किया और तख़्लीक़ी दीन के किले की बुनियाद तक उखाड़ फेंकी।

रसूलुल्लाह सल्लल्लाहु अलैहे व आलिही व सल्लम ने अली अलैहिस्सलाम को सबका मौला करार दिया था लेकिन लोगों ने अपने ही रसूल की मुख़ालिफ़त की और हुक्म ए रसूल से मुँह फेर लिया। उम्मत ने मौला अली अलैहिस्सलाम को ख़िलाफ़त देना तो दूर, अलीयुन वलीयुल्लाह की गवाही देना तक छोड़ दिया। हज़रत हुसैन अलैहिस्सलाम ने अलीयुन वलीयुल्लाह को बचाया था।

आख़िर क्या फ़र्क़ था हुसैनी फौज और यज़ीदी फौज के बुनियादी अक़ीदे में, दोनों तरफ़ तौहीद ओ रिसालत को मानने के दावे थे, दोनों तरफ़ क़ुरआन ओ हदीस को मानने के दावे थे, दोनों ही तरफ़ दीन के अरकान मानने के दावे थे लेकिन एक तरफ़ अलीयुन वलीयुल्लाह के मानने वाले खड़े थे और दूसरी तरफ़ अलीयुन वलीयुल्लाह के मुख़ालिफ़।

हुसैन अलैहिस्सलाम को मुसलमान कहलाने वाले लोगों ने घेरकर क़त्ल किया ही क्यों था?, तौहीद के मानने वाले थे इसलिए?, रिसालत के मानने वाले थे इसलिए?, कुरआन को मानने वाले थे इसलिए?, दीन को मानने वाले थे इसलिए?, या नमाज़ पढ़ने वाले थे इसलिए?

हज़रत इमाम हुसैन अलैहिस्सलाम को शहीद ही इसलिए किया गया क्योंकि वो अलीयुन वलीयुल्लाह को आम करने वाले थे। वो तख़्लीक़ी दीन व शरियत के मुक़ाबले में हक़ीक़ी दीन व शरियत को ज़िंदा करने वाले थे। यज़ीदियों को डर था कि अगर हुसैन बच गया तो असल दीन आम कर देगा और असल दीन के फैलने से तमाम इंसानियत को फायदा होगा लेकिन शैतानियत को सिवाय नुकसान के कुछ हासिल ना होगा।

खैर यज़ीदी ये भूल गए थे कि हुसैन सिर्फ़ एक इंसान नहीं बल्कि एक सोच है, जिसे ख़त्म नहीं किया जा सकता। कुर्बानी ए हुसैन अलैहिस्सलाम का असल मक़सद समझिए और हक़ीक़ी दीन को आम करिए। ये ही हज़रत इमाम हुसैन अलैहिस्सलाम से सच्ची मुहब्बत का सबूत है। अल्लाह हम सबका नासिर व मददगार हो। अल्लाहुम्मा सल्ले अला मुहम्मद व अला आले मुहम्मद।

31

अजीब फ़लसफ़ा

मौलवी साहब का अजीब फ़लसफ़ा है। जिस दिन अहलेबैत अलैहिस्सलाम के यहाँ ग़म मनाया जाता है, उस दिन मौलवी साहब के यहाँ खुशी का दिन होता है, मसलन के तौर पर 10 मुहर्रम को ईद के बाद सबसे ज़्यादा खुशी का दिन साबित किया जाता है और जिस दिन अहलेबैत के यहाँ खुशी का दिन हो, मौलवी साहब का कोई मर जाता है या ग़म का दिन बन जाता है, मसलन के तौर पर 22 रजब के कूंडे या ईद ए ग़दीर ए खुम वगैरह।

मरवानी मुल्ला जी को भी मालूम है कि सदियों से 22 रजब को कूंडे की नियाज़ दिलाई जाती है और इमाम जाफ़र सादिक़ अलैहिस्सलाम के लिए दिलाई जाती है लेकिन फिर भी कुछ सालों में मुल्ला जी को समझ आया कि अरे ये तो शियाओं के छटे इमाम हैं, इनकी नियाज़ सुन्नी कैसे दे सकता है?, तो इन्होंने पहले तो इसे रोकने की कोशिश की लेकिन इनकी समझ में आ गया की इसे रोक पाना मुमकिन नहीं।

तो इन्होंने पहले तो ये बात आम की कि इस दिन, अबुल यज़ीद का इंतिक़ाल हुआ था तो उनके लिए भी फातिहा पढ़ो और इमाम के लिए

भी। फिर इन्होंने तारीख़ बदलकर भी 15 रजब कर दी और मैं पहले ही लिख रहा हूँ की मरवानी मौलवी आगे चलकर इमाम जाफ़र सादिक़ का नाम हटाकर सिर्फ़ अबुल यज़ीद की फातिहा करने लगेंगे वो भी 15 रजब को।

मरवानी मौलवी साहब, बहुत कुछ बदलते जा रहे हैं और बदलने की साज़िशों में लगे हैं। ख़ुद को सुन्नी कहने वाले एक बद-ज़ात आदमी ने अम्मा फातिमा सलामुल्लाह अलैहा को ख़ताकार बताया और उसके मसलक के मौलवियों ने उसकी मुख़ालिफ़त तो ना की लेकिन उसकी दिफा ज़रूर की।

मरवानी मौलवी की कोशिश ये है कि छह-सात लोगों को सहाबा साबित करो और सबपर थोप दो और जो अबुल यज़ीद जैसे लोगों को सहाबा ना माने उसे गुस्ताख़ ए सहाबा कहो और वाजिबुल क़त्ल समझो। अनक़रीब है वो वक़्त जब ये ख़ारजी व नासबी मिलकर अहले सादात का क़त्ल ए आम करेंगे और फिर से ज़ुल्म ढाएँगे और मुझे तो ये भी गुमान है कि ये मरवानी मौलवी, अहले सादात पर, गुस्ताख़ ए सहाबा होने का झूठा इल्ज़ाम डालकर ही इतनी बड़ी साज़िश को अंजाम देंगे।

मेरे अपनों! इल्म व तहक़ीक़ करते रहें। किसी मौलवी के पीछे भेड़-चाल में ना चलें, आपकी सोच आज़ाद है, आप आज़ाद हैं। ख़ुदको किसी मौलवी का ग़ुलाम ना बनाएँ और पीर भी वो ही चुनें जो आपको क़ुरआन व अहलेबैत के क़रीब करता हो। अल्लाह रब उल इज़्ज़त, आसानी अता करे। अल्लाहुम्मा सल्ले अला मुहम्मद व अला आले मुहम्मद।

32

अपनी गलती मानना

दुनिया का सबसे मुश्किल काम है - 'अपनी गलती मानना।'

जी हाँ, मेरे अपनों! अगर आप किसी एक मसलक से जुड़े थे और आपने इल्म व तहक़ीक़ की और आप इस नतीजे पर पहुँचे कि आप गलत अक़ीदे पर थे और फलाँ अक़ीदा ज़्यादा सही है। तो सबसे पहली मुश्किल ये ही पेश आती है कि खुदको गलत मानना, दूसरे को सही मानना और ऐलानिया खुदको बदलना कि पहले मैं फलाँ अक़ीदे पर था और अब मैं फलाँ अक़ीदे पर हूँ।

ये तो बहुत बाद की बात है क्योंकि हमारे नौजवान तो फिलहाल आँखें बंद करके अपने-अपने मसलक के मौलवियों के पीछे भेड़-चाल चल रहे हैं। इल्म ओ तहक़ीक़ से कोसों दूर हैं। मेरे अपनों! मुहब्बत से समझा रहा हूँ, सुनो सबकी लेकिन मानो खुद तहक़ीक़ कर लेने के बाद ही।

मैंने पहले भी कहा है, आप आज़ाद हैं, आपकी सोच आज़ाद है। खुदको किसी मौलवी का गुलाम ना बनाएँ और पीर भी वो ही चुनें जो आपको कुरआन व अहलेबैत के क़रीब करता हो। ये दुनिया आरामगाह नहीं है बल्कि मैदान ए इम्तिहान है, यहाँ हर शख़्स को अपना इम्तिहान खुद देना है।

एक बात और याद रखिएगा, आपका आमालनामा आपका अपना है, उसमें किसी और का दख़ल नहीं। आपका अक़ीदा कैसा था?, कैसा है?, कैसा रहेगा?, इसका फैसला आपको करना है। आप किस अक़ीदे पर जियेंगे और किस अक़ीदे पर मरेंगे, ये आपका अपना फैसला होना चाहिए।

आप किस मसलक में, मज़हब में, कौम में पैदा हुए ये उतना मायना नहीं रखता लेकिन आप किस अक़ीदे पर जिए-मरे, ये बहुत मायने रखता है। आपने कितना इल्म और कितनी मारिफ़त हासिल की?, आपने तहक़ीक़ कितनी की और क्या फैसला लिया, ये मायने रखता है।

मेरे अपनों! रोज़ ए महशर, ये मरवानी मौलवी आपके काम नहीं आएँगे, काम आएँगे तो आपके अपने आमाल। आपके मौलवी तो आपकी शफ़ाअत तक ना करा सकेंगे की हश्र में तो सिर्फ़ वो कामयाब होगा की जिसने कुरआन व अहलेबैत दोनों को थामकर रखा होगा।

याद रखना, कुरआन ओ अहलेबैत दोनों को थामना ज़रूरी है, कुछ मौलवी, सिर्फ़ कुरआन को थामने की वकालत करते हैं और कुछ ज़ाकिर सिर्फ़ अहलेबैत को थामने की वकालत करते हैं। इल्म के बिना इश्क़ कुफ्र

तक पहुँचा देता है और इश्क़ के बगैर इल्म, तकब्बुर तक पहुँचा देता है।

कुरआन ओ अहलेबैत को थामकर रखिए कि ये ही कामयाबी की एक वाहिद राह है। अल्लाहु अकबर कसीरन कसीरा। अल्लाहुम्मा सल्ले अला मुहम्मद व अला आले मुहम्मद।

33

सुलह ए हसन और जंग ए हुसैन

एक मौलवी साहब ने ये फित्ना फैलाया कि, "जिससे हज़रत हसन ने सुलह कर ली हम उससे जंग नहीं कर सकते और जिससे हज़रत हुसैन ने जंग की, हम उससे सुलह नहीं कर सकते।", तआज्जुब की बात तो ये है कि ऐसे जज़्बाती और बचकाना बयान, बड़े मौलवी हज़रात की तरफ से निकलते हैं।

एक मौलवी साहब ने तो हद ही कर दी, कहने लगे, "हज़रत हसन नर्म मिज़ाज के थे इसलिए उन्होंने सुलह की जबकि हज़रत हुसैन जल्दी जलाल में आ जाते थे इसलिए उन्होंने जंग की।", अल्लाह ही बेहतर जाने की मौलवी साहब ऐसी अहमक़ाना और बग़ैर सर पाँव की बातें कैसे कर लेते हैं?, और क्यों करते हैं?

ये जो फित्ने मौलवी साहब ने फैलाए हैं, मैं अपने भाई-बहनों को इनका जवाब देने की कोशिश करूँगा। पहली बात तो ये कि सुलह की नौबत आती कहाँ है?, ज़ाहिर सी बात है, जहाँ जंग की नौबत बन जाए वहाँ या

तो जंग होती है या आपसी सुलह। सिब्त ए रसूल से टकराने की कोशिश करना ही अबुल यज़ीद की गलती थी। बहरहाल, मौलवी साहब इस बात को ऐसे पेश करते हैं की अबुल यज़ीद अच्छा था। अगर वो ख़राब होता तो इमाम सुलह क्यों करते?, मौलवी साहब से पूछिए कि सुलह की किस से जाती है?, क्या बुरे लोगों से सुलह नहीं होती?, क्या दुश्मनों से सुलह नहीं होती?

अगर हसन अलैहिस्सलाम की सुलह कर लेने का मतलब ये है कि सामने वाला सही था तो हसन अलैहिस्सलाम से बढ़कर हैं, उनके नाना मुहम्मद सल्लललाहु अलैहे व आलिही व सल्लम। आपने खुद कुफ्फार ए मक्का से सुलह की, जिसे सुलह हुदैबिया के नाम से जाना जाता है। तो अब इस बारे में क्या कहेंगे?, कुफ्फारे मक्का नेक व आला थे, इसलिए खुद रसूलुल्लाह ने उनसे सुलह की?

जब कुफ्फारे मक्का ने सुलह की शर्तों को तोड़ दिया तो खुद रसूल ए खुदा मुहम्मद सल्लललाहु अलैहे व आलिही व सल्लम ने उनसे जंग भी की। यानी साबित ये हुआ कि सुलह करना, दुश्मनी होने की दलील है और सामने वाला ख़राब हो सकता है बल्कि ज़्यादातर सुलह की नौबत तब ही आती है जब एक सही और एक गलत हो और जहाँ अहलेबैत की बात आ जाए तो सब आईने की तरफ़ साफ है की हक़ पर कौन था?, और नाहक़ पर कौन?

अब ये भी देखना ज़रूरी है कि सुलह ए हसन की कितनी शर्तों पर अबुल यज़ीद ने अमल किया और अगर उसने शर्त तोड़ी तो ये भी अपने आप में बड़ी ख़ता है क्योंकि एक मुसलमान, दूसरे मुसलमान से किए अहद को नहीं तोड़ता। अब जब अबुल यज़ीद ने सुलह की शर्तों को पूरा नहीं किया था और सारी शर्तें भी तोड़ दीं थीं तो जंग होना तो वैसे भी तय ही

था हालाँकि अहलेबैत अलैहिस्सलाम ने इसे रोकने की पूरी कोशिश की ताकि दूसरे बेगुनाह लोगों के जान-माल का नुक़सान ना हो। क्योंकि जंग सिवाय नुक़सान के और कुछ नहीं देती।

ख़ैर! हज़रत हसन अलैहिस्सलाम को ज़हर देकर पहले ही शहीद कर दिया गया था लेकिन जंग ए करबला में हज़रत क़ासिम का औलाद ए मुआविया से जंग करना, इस बात की रौशन दलील है कि अगर हज़रत हसन अलैहिस्सलाम करबला के दौरान ब'ज़ाहिर मौजूद होते तो ये बड़ी जंग ज़रूर लड़ते और बहैसियत इमाम व सरदार, अहलेबैत अलैहिमुस्सलाम व गुलामाने अहलेबैत के सरपरस्त भी होते और उनको अपने साया ए रहमत में बचाकर रखने की कोशिशें करते।

सलाम हो मुहम्मद ओ आल ए मुहम्मद पर, सलाम हो अज्दाद ए मुहम्मद पर, सलाम हो औलाद ए मुहम्मद पर। सलाम हो करबला में शहीद होने वाले हर एक शोहदा पर। सलाम हो मोहसिन ए इस्लाम, हसनैन करीमैन के दादा, हज़रत अबु तालिब पर। अल्लाहुम्मा सल्ले अला मुहम्मद व अला आले मुहम्मद।

अब हम सुलह ए हसन व जंग ए हुसैन पर बात करेंगे। मैं मिसाल देकर बात करना पसंद करता हूँ क्योंकि अल्लाह को भी बात समझाने का ये लहज़ा पसंद है।

मेरे अपनों! एक मिसाल देता हूँ, किसी दौर में एक शख़्स था जिसके पाँव में ज़ख़्म हो गया, वो तबीब यानी डॉक्टर के पास गया, डॉक्टर ने दवा लिख दी लेकिन उस शख़्स ने दवा नहीं खाई। मर्ज़ बढ़ता चला गया, अब लापरवाही उसने की, ना दवा खाई और ना परहेज़ बरता फिर

दूसरे डॉक्टर के पास पहुँचा तो उन्होंने कहा की आपका तो पाँव काटना पड़ेगा?, इसका क्या मतलब निकला?, क्या एक डॉक्टर सही था, एक गलत?, नहीं। बल्कि मर्ज़ ही अलग हैं इसलिए इलाज अलग है।

तआज्जुब की बात तो ये है कि बड़े-बड़े उलेमा कहलाने वाले लोग भी अपने मसलक को सही साबित करने झूठ बोलते हैं क्योंकि मैं ये नहीं मान सकता की इन्हें दौर ए हसन अलैहिस्सलाम व दौर ए हुसैन अलैहिस्सलाम का बुनियादी इल्म भी नहीं है। दरअसल मौलवी साहब जिसे एक मसला बताते हैं वो दो अलग मसले हैं।

अबुल यज़ीद ने हज़रत हसन अलैहिस्सलाम से ख़िलाफ़त माँगी थी। यानी वो ख़िलाफ़त को हुकूमत समझकर लड़ने तैयार था और तख़्त के लालच में बेगुनाह मुसलमानों का क़त्ल करने पर आमादा था, तब हज़रत हसन अलैहिस्सलाम ने लाखों मुसलमानों और दीन ए हक़ को बचाने के लिए सुलह कर ली।

यज़ीद ने हज़रत हुसैन अलैहिस्सलाम से बै'अत माँगी थी और इमाम हुसैन अलैहिस्सलाम ने उस बदबख़्त को बै'अत नहीं दी और ये अहलेबैत का अमल भी नहीं की वो मालिक ओ मुख़्तार होते हुए, यज़ीद या किसी और की बै'अत करते। इमाम ने जंग टालने की हर मुमकिन कोशिश की लेकिन जब यज़ीदी फौज ने मुहम्मद रसूलुल्लाह के घराने को घेर लिया तो आप इमाम हुसैन अलैहिस्सलाम ने जिहाद फी सबीलिल्लाह का रास्ता चुना और अपने कुनबे की क़ुर्बानी देकर हक़ दीन को बचा लिया।

जो बात मौलवी साहब की अक़्ल में नहीं आ सकी वो ये है कि अगर अबुल यज़ीद ने इमाम हसन अलैहिस्सलाम से बै'अत माँगी होती तो करबला तब ही हो गई होती और अगर यज़ीद ने बै'अत की जगह ख़िलाफ़त माँगी होती तो इमाम हुसैन ने वैसे ही ठोकर मारकर दे दी होती, जैसे उनके भाई व इमाम हसन अलैहिस्सलाम ने दे दी थी, सुलह करके।

मैं मरवानी मौलवियों की मजबूरी भी खूब समझता हूँ। अहले तशय्यो की मुख़ालिफ़त के नाम पर अपने-अपने मसलक के नौजवानों के दिल ओ दिमाग़ में गलत अक़ीदे डाले जा रहे हैं और बनावटी बातें करके उन्हें अपने जाल में फँसाया जा रहा है।

मेरे अपनों! इल्म ओ तहक़ीक़ ही वो वाहिद तरीका है कि जिसके ज़रिए आप हक़ तक पहुँच सकते हैं। मारिफ़त करने के लिए भी इल्म ज़रूरी है और इल्म व हिदायत पाने के लिए ज़रूरी ये है कि क़ुरआन ओ अहलेबैत अलैहिस्सलाम को थाम लिया जाए। आपके मौलवी साहब ये कभी नहीं चाहते की आप इल्म ओ तहक़ीक़ करें, इसलिए वो आपको सिर्फ़ एक मसलक और मसलकी किताबों तक महदूद रखने की कोशिश करते हैं।

पूरी ईमानदारी से, अदल ओ इंसाफ़ के साथ तहक़ीक़ करें, सबको पढ़कर देखें, सबको समझकर देखें, हक़ आपको खुद ब खुद नज़र आएगा। अल्लाहुम्मा सल्ले अला मुहम्मद व अला आले मुहम्मद।

34

ईमान ए अबु तालिब

मौलवी साहब ईमान ए अबु तालिब के मसले के ज़रिए भी शिया-सुन्नी मसलकों के बीच नफ़रत पैदा करने की कोशिश करते हैं। हैरानी और तअज्जुब की बात तो ये है कि अहले सुन्नत वल जमात से जुड़े ज़्यादातर सादात, उस नालायक मौलवी की दिफा करते हैं, जिसने, सादातों के अज्दाद को काफ़िर भी कहा और काफ़िर साबित करने के लिए झूठी रिवायतों की किताबें तक गढ़ दीं।

यूँ तो मैंने अपनी लिखी एक किताब, "वसी ए रसूल" में, पहले ही ईमान ए अबु तालिब पर तफ़्सीर से लिखा है। उसके बाद, "दीवान ए अबु तालिब" भी हिंदी भाषा में लिखी है लेकिन इस किताब में भी मैं, एक बार फिर से ईमान ए अबु तालिब पर बात करूँगा। मेरा दिल तो ये करता है कि हम सिर्फ़ शान ए अबु तालिब पर बातें करें लेकिन कुछ जाहिल मौलवियों की वजह से ईमान ए अबु तालिब पर बात करना पड़ती है। हालाँकि सरकार अबु तालिब का ईमान तो इतना आला और बढ़कर है की सैंकड़ों मौलवियों की मुख़ालिफ़त के बावजूद इसपर कोई आँच नहीं आ सकती। हर मोमिन, ईमान ए अबु तालिब का मानने वाला होता है।

हज़रत अबु तालिब की शख़्सियत इस्लामी तारीख़ में एक ऐसी शख़्सियत रही है, जिस पर हर दौर में बहस भी हुई हैं और इख़्तिलाफ़ भी रहा है। किसी ने हज़रत अबु तालिब को मोमिन माना, किसी ने आपको काफ़िर भी कहा लेकिन हैरानी की बात तो ये है कि कोई भी हज़रत अबु तालिब के एहसान और बुलंद मर्तबे को झुठला ना सका।

जी हाँ मेरे अपनों ! जिन्होंने हज़रत अबु तालिब को काफ़िर भी कहा, उन्होंने खुद भी हमेशा हज़रत अबु तालिब की तारीफ़ ही की क्योंकि ना वह हज़रत अबु तालिब में कमी ढूँढ़ पाए, ना कोई बद अमल और ना ही उनका कुफ्र साबित कर सके।

कुछ दशकों पहले एक मौलवी ने खुदको मुहिब्ब ए रसूल के तौर पर पेश किया और उसने ही हज़रत अबु तालिब का कुफ्र साबित करने एक किताब गढ़ दी, जिसमें झूठी रिवायतों के सिवा कुछ ना था और तबसे ही इस मसले को जानबूझकर उठाया जाने लगा। नालायक लोग, हज़रत मुहम्मद मुस्तफ़ा सल्लललाहु अलैहे व आलिही व सल्लम के पालने वाले, हज़रत अली अलैहिस्सलाम के बाबा को काफ़िर कहकर यूँ महसूस करते हैं, जैसे उन्होंने शियाओं की मुख़ालिफ़त की हो जबकि वो जाने-अनजाने में अहलेबैत अलैहिस्सलाम को तकलीफ़ पहुँचा रहे होते हैं।

हज़रत अबु तालिब अलैहिस्सलाम को मैं ईमान पर मानता हूँ और उनके ईमान पर होने की दलील के लिए बस इतना काफी है की उन्होंने फरमाया कि, "मैं मुहम्मद के ईमान को सारी क़ायनात के सारे मज़हबों के ईमानों में सबसे सहीह मानता हूँ।"

मौलवी साहब ये बात भी बताते हैं कि हदीसों में आता है, "हज़रत अबु तालिब से, आखिरी वक्त में रसूलुल्लाह ने फरमाया था की मेरे कान में ही कलमा पढ़ दो तो आप हज़रत अबु तालिब ने जवाब दिया कि मेरे लिए मेरे बाबा का दीन ही सही है, कुछ ने ये भी लिखा है की आपने ये भी कहा कि मैं ये नहीं चाहता की लोग कहें की मैंने मौत के डर से कलमा पढ़ लिया, कुछ मौलवी ये भी बयान करते हैं कि कुरैश के लोगों ने उन्हें ये कहकर रोक दिया कि क्या आखिरी वक्त में अपने बाबा के दीन से फिर जाओगे?, वगैरह-वगैरह।

अब यहाँ दो बात समझने लायक हैं जिनमें से एक बात तो किसी दलील की भी मोहताज नहीं और वो ये की अगर कहीं भीड़ हो और मैं किसी से कहूँ कि अगर आप सबके सामने कोई बात नहीं कह सकते तो मेरे कान में ही कह दें, इसका मतलब ये है कि मैं औरों से उस बात का पर्दा करना चाहता हूँ और इसका सीधा मतलब ये निकलता है की मैं इस बात को बस अपने और कहने वाले तक महदूद रखना चाहता हूँ। अब जब बात रसूलुल्लाह की हो तो कौन ये सोच सकता है कि रसूलुल्लाह कान में कही गई, उस बात को सबको बता देंगे जिसका पर्दा करना था।

बाकि हदीसों की किताब में ये दलील भी मिलती है की इब्ने अब्बास रज़ियल्लाहु अन्हो ने दावा किया कि मैंने अबु तालिब के लब पढ़कर देखे तो यूँ लगा की वो कलमा पढ़ रहे थे लेकिन इसे हसन करार देकर हटा दिया गया। हालाँकि हज़रत अबु तालिब के ईमान की गवाही के लिए तो अल्लाह ही काफी है।

दूसरी समझने लायक बात ये है की लोगों का दावा है कि हज़रत अबु तालिब ने कहा कि, "मैं अपने बाबा के दीन पर हूँ।", यानी हमें ये भी देखना पड़ेगा की ईमान ए हज़रत अब्दुल मुतालिब क्या है?

ईमान ए अब्दुल मुत्तालिब वो है जो काबा की हिफ़ाज़त के लिए अल्लाह से अवाबील परिंदों के लश्कर को तक बुलवा लेता है और उनकी चोंच से ऐसे पत्थर की बरसात करवा देता है जिससे हाथी भी दबकर मर जाएँ। ईमान ए अब्दुल मुत्तालिब वो है, जो रसूलुल्लाह को उस वक्त भी रसूलुल्लाह मान लेता है, जब रसूलुल्लाह ने ऐलान ए नबूवत तो दूर, बल्कि बोलना भी शुरू नहीं किया था यानी आप सल्लललाहु अलैहे व आलिही व सल्लम जब कुछ माह के मासूम बच्चे थे।

मौलवियों और मौलवियों के बड़ों ने खुद लिखा है कि जब रसूलुल्लाह, अम्मा आमिना सलामुल्लाह अलैहा के शिकम में थे तो आप अम्मा आमिना/आमना के पास से खुश्बू आती थी, बादल आप पर साया करता था, जब मुहम्मद सल्लललाहु अलैहे व आलिही व सल्लम दाई हलीमा के घर पहुँचे तो उनके घर के हालात बदल गए, खुशियाँ फैल गईं। जब हज़रत अब्दुल मुत्तालिब के साथ एक दफ़ा बाहर गए तो एक नसरानी पादरी ने उन्हें बताया कि आपका पोता तो वह ही "नबी" है, जिसका जिक्र सहीफ़ों में है। कुछ रिवायात में ये भी मिलता है की आप अपने चचा अबु तालिब के साथ ही बाहर गए थे और तब आपको नसरानी पादरी बुहैरा मिला। बहरहाल दोनों ही सूरत ए हाल में, ईमान ए अबु तालिब साबित होगा।

आज का मौलवी ये सुनकर, पढ़कर ईमान ले आया और ये सब आँखों से देखने वाले ईमान नहीं लाए थे?, हज़रत अब्दुल मुत्तालिब व हज़रत अबु तालिब के घर में कोई रस्म ए जहालत ढूँढ़कर बताओ, कोई बुतपरस्ती का सबूत लेकर आओ। तुम हज़रत अबु तालिब के घर में कोई रस्म ए जहालत या बुत परस्ती का सबूत नहीं ला सकोगे क्योंकि ये बुतपरस्त नहीं हैं बल्कि दो बुतशिकन को पालने वाले हैं।

शायद ही कोई आलिम हो जिसे ये बात ना मालूम हो कि रसूलुल्लाह ने ऐलान ए नबूवत करने के पहले हज़रत अबु तालिब से मशवरा किया था और आपने, रसूलुल्लाह को हिफाज़त का वादा भी दिया और ये इजाज़त दी कि दीन ए हक़ की तब्लीग़ करें, रसूलुल्लाह ने कईयों बार हजरत अबु तालिब के घर में बैठकर भी दीन की तब्लीग़ की है।

जब रसूलुल्लाह तक़रीबन 6 साल के थे तब आपकी प्यारी वालिदा इस दुनिया ए फानी से कूच कर गईं और आपकी वफ़ात हो गई। अल्लाहु अकबर क्या ही बुलंद मर्तबे के हैं हज़रत अब्दुल्लाह और बीबी आमना की जिन्हें रब ने मुहम्मद मुस्तफ़ा सल्लललाहु अलैहे व आलिही व सल्लम जैसा बेटा अता किया जो रसूलों के भी रसूल और अल्लाह के हबीब हैं।

हज़रत अब्दुल मुत्तालिब की भी उम्र बढ़ रही थी और आप चाहते थे कि मौत के पहले, रसूलुल्लाह सल्लललाहु अलैहे व आलिही व सल्लम की जिम्मेदारी अपने किसी बेटे को सौंप दें। एक रोज़ आपने अपने सारे बेटों को जमा किया और उनसे अपने दिल की बात कही, आपने फरमाया कि अब मैं बूढ़ा हो चुका हूँ और अनक़रीब है वो वक़्त की मैं अपने रब ए हक़ीक़ी से जा मिलूँगा लिहाज़ा मैं मुहम्मद की जिम्मेदारी और बनी हाशिम की सरदारी अपने किसी एक बेटे को दे देना चाहता हूँ, तुम में से जो भी ये जिम्मेदारियाँ उठाने तैयार हो, वो कहे। तारीख़ में दो तरह के वाक़्ये मिलते हैं, मैं दोनों ही लिख रहा हूँ।

एक वाक्या ये कहता है कि आपके ज़्यादातर बेटे बनी हाशिम के सरदार बनने तो तैयार थे लेकिन मुहम्मद मुस्तफ़ा की जिम्मेदारी लेने से पीछे

हट रहे थे, तब हज़रत अबु तालिब आगे आए और फरमाया, "बाबा! मुझे बनी हाशिम की सरदारी की तमन्ना नहीं लेकिन मैं मुहम्मद मुस्तफ़ा की ज़िम्मेदारी लेना चाहता हूँ और मैं मुहम्मद की परवरिश, नुसरत व हिफ़ाज़त के लिए हमेशा तैयार रहूँगा।", सुनकर हज़रत अब्दुल मुत्तालिब मुतमईन हुए और आपने रसूलुल्लाह को हज़रत अबु तालिब को सौंप दिया।

इस वाक्ये में तारीख़ी इख़्तिलाफ़ भी है और ये वाक्या भी मिलता है कि आप हज़रत अब्दुल मुत्तालिब के सारे ही बेटे, हज़रत मुहम्मद सल्लललाहु अलैहे व आलिही व सल्लम की ज़िम्मेदारी लेने तैयार थे, तब हज़रत अब्दुल मुत्तालिब ने रसूलुल्लाह से कहा, "ऐ मुहम्मद! तुम खुद इनमें से किसी एक को चुन लो, जिसके साथ रहना चाहते हो।", तब रसूल ए खुदा अपने चचा, हज़रत अबु तालिब की तरफ़ दौड़ पड़े और मुहब्बत से अपने चचा की गोदी में चढ़कर सीने से लिपट गए। जब ये देखा तो हज़रत अब्दुल मुत्तालिब ने फरमाया, "ऐ मुहम्मद! तुमने अपने लिए सबसे बेहतरीन इंतिख़ाब किया है। अगर मुझसे कहा जाता कि मैं खुद ही तय करके, बिना पूछे किसी एक को ये ज़िम्मेदारी सौंप दूँ तो मैं भी अबु तालिब को ही चुनता।"

हज़रत अबु तालिब को रसूलुल्लाह की ज़िम्मेदारी और बनी हाशिम कबीले की ज़िम्मेदारी सौंप दी गई। हज़रत अबु तालिब ने अपने भतीजे को अपने बेटे की तरह बल्कि अपने बेटों से बढ़कर मुहब्बत की है और बड़ी मुहब्बत से पाला है।

याद रखें, अल्लाह ही अपने रसूलों को पालता है, उनकी हिफाज़त करता है और इसके लिए अल्लाह ने हज़रत अबु तालिब को चुना यानी मदद खुदा की है शक्ल ए मदद अबु तालिब।

जब आप हज़रत अबु तालिब, दुनिया से कूच कर गए तो ये ग़म एक साल तक मनाया गया, हज़रत मुहम्मद सल्ललल्लाहु अलैहे व आलिही व सल्लम रो रोकर कहते कि अब मुझे यतीम कह लो कि अब मेरा कोई सरपरस्त बाकि नहीं। ये बात हक़ है कि रसूलुल्लाह से अगर किसी ने सबसे ज़्यादा मुहब्बत की है, रसूलुल्लाह की सबसे ज़्यादा हिफाज़त की है और दीन के लिए सबसे ज़्यादा कुर्बानियाँ दी हैं तो वो हज़रत अबु तालिब और आपकी ही औलादों ने दी हैं।

मौला अली, इमाम हसन, इमाम हुसैन, हज़रत औन, हज़रत क़ासिम, हज़रत अब्बास, हज़रत अली अकबर, हज़रत सज्जाद, हज़रत अली असग़र और यहाँ तक नस्ल दर नस्ल, हर दौर में देख लो, कोई बेटा है, कोई पोता, कोई परपोता, कोई आल-औलाद की नस्ल और आपकी ही नस्ल में बड़े-बड़े शहीद ए इस्लाम मौजूद हैं।

बिगाड़ के इस दौर में ऐसी हवा चली, जहाँ हज़रत अली को गाली देने वाला, हज़रत हसन की सुलह तोड़ने वाला और हज़रत हुसैन के ख़िलाफ़ बैत लेकर शैतान को ख़लीफ़ा बनाने वाला तो रज़ियल्लाहु हो गया लेकिन रसूलुल्लाह को पालने वाला, रसूलुल्लाह का मुहाफ़िज़ रसूलुल्लाह सल्ललल्लाहु अलैहे व आलिही व सल्लम पर जान छिड़कने वाला, काफिर हो गया।

एक दफा जब हज़रत अबु तालिब ने हज़रत अली को नमाज़ पढ़ते देखा तो उनसे इस बारे में पूछा और मौला अली ने जब बताते हुए ये कहा कि मैं तौहीद में मानता हूँ और मुहम्मद सल्ललल्लाहु अलैहे व आलिही व सल्लम की रिसालत पर ईमान रखता हूँ तो बदले में, हज़रत अबु तालिब

ने फरमाया कि, "मुहम्मद को कभी ना छोड़ना, वो तुम्हें कभी गुमराह ना होने देगा।", जो बाप अपने बेटे को ये नसीहत कर रहा हो, उसी के ईमान पर शक?, क्या अब भी आपको ईमान ए अबु तालिब पर शक है?

शिया और सुन्नी, दोनों ही मसलकों के कई बड़े आलिमों ने हज़रत अबु तालिब अलैहिस्सलाम के ईमान का दावा किया है। रहा सवाल ईमान छिपाने या ज़ाहिर करने का तो इसका जवाब भी कुरआन में मौजूद है, बीबी आसिया, फिरऔन के घर में रहकर अल्लाह के रसूल, मूसा अलैहिस्सलाम की परवरिश करती रहीं और ईमान छिपाकर रखा, अगर वो ईमान ज़ाहिर कर देतीं तो अपनी और हज़रत मूसा अलैहिस्सलाम की जान पर ख़तरा पैदा हो जाता और अल्लाह बेहतर जानता है किस का ईमान ज़ाहिर करवाना है किस का छिपवाना है।

कुछ ऐसा ही हुआ है हज़रत अबु तालिब के मामले में आप कुफ्फारों के बीच रहकर, अल्लाह के हबीब की परवरिश करते रहे, हिफाज़त करते रहे और आपका ईमान ज़ाहिर ना करना भी कुरआन के खिलाफ़ नहीं था।

मेरे अपनों! दीवान ए अबु तालिब किताब, ज़रूर पढ़िये ताकि आपको भी हज़रत अबु तालिब अलैहिस्सलाम के लिखे अश्शार पढ़ने और समझने में आसानी हो और आप ईमान ए अबु तालिब को भी समझ जाएँगे।

बहुत सारे अलिमों ने लिखा है कि रसूलुल्लाह सल्लल्लाहु अलैहे व आलिही व सल्लम पर कभी मक्खी तक नहीं बैठी क्योंकि मक्खी नजासत वाली होती है, वह ये भूल गए कि कुफ्र से बढ़कर कोई नजासत नहीं, रसूलुल्लाह ने ना सिर्फ़ हज़रत अबु तालिब के घर खाना खाया है बल्कि आपकी गोदी में परवरिश भी पाई है। एक गौर करने वाली

बात ये भी है कि क़ुरआन में साफ़ लिखा है कि अल्लाह के रसूल मूसा अलैहिस्सलाम पर मुशरिक औरतों का दूध तक हराम था तो ये कैसे हो सकता है कि अल्लाह का हबीब, किसी मुशरिक के घर खाना खाए?

ये हक़ है कि क़ुरआन में सारे सवालों के जवाब मौजूद हैं तो आइए "ईमान-ए-अबु तालिब" भी क़ुरआन में ढूँढ़ने की कोशिश करते हैं।

जब आप क़ुरआन में सूरः अनफाल देखेंगे तो उसकी 74 देखेंगे तो पाएँगे की, रब ए काबा फरमाता है -

وَالَّذِينَ آمَنُوا وَهَاجَرُوا وَجَاهَدُوا فِي سَبِيلِ اللَّهِ وَالَّذِينَ آوَوْا وَنَصَرُوا أُولَٰئِكَ هُمُ الْمُؤْمِنُونَ حَقًّا ۚ لَهُمْ مَغْفِرَةٌ وَرِزْقٌ كَرِيمٌ

जिसका तर्जुमा है, "और जिन लोगों ने ईमान कुबूल किया और हिजरत की और खुदा की राह में जिहाद किया, नाज़ुक वक़्त में उन लोगों को पनाह दी और मदद की, वही सच्चे मोमिन हैं, उनके लिए ही बख़्शिश और ब'इज्ज़त बेहतरीन रिज़्क़ है।"

इसमें कोई शक नहीं कि ये आयत रसूलुल्लाह, मुहाज़िरीन, अंसार और उन्हें पनाह देने वालों के लिए नाज़िल हुई है, लेकिन रसूलुल्लाह की हिफाज़त व नुसरत तो हज़रत अबु तालिब अलैहिस्सलाम ने भी की है और आप सरकार अबु तालिब ने हिजरत भी की और शोबा अबु तालिब में रसूलुल्लाह व अपने घराने के साथ रहे। तो क्या पनाह और मदद करने वालों में और हिजरत करने वालों में सबसे आला, हज़रत अबु तालिब नहीं थे?

जब हम क़ुरआन में सूरः निसा की आयत नंबर 139 और 140 देखते हैं तो पाते हैं कि अल्लाह रब उल इज्जत ने फरमाया, दोनों आयात तर्जुमा के साथ लिख रहा हूँ -

الَّذِينَ يَتَّخِذُونَ الْكَافِرِينَ أَوْلِيَاءَ مِنْ دُونِ الْمُؤْمِنِينَ ۚ أَيَبْتَغُونَ عِنْدَهُمُ الْعِزَّةَ فَإِنَّ الْعِزَّةَ لِلَّهِ جَمِيعًا

"जो अहले ईमान को छोड़कर कुफ्फार को अपना दोस्त और रफ़ीक़ बनाते हैं, क्या उन्हें उनके पास इज़्ज़त ओ क़ुव्वत की तलाश है? इज़्ज़त और क़ुव्वत तो सिर्फ़ अल्लाह के लिए है।"

وَقَدْ نَزَّلَ عَلَيْكُمْ فِي الْكِتَابِ أَنْ إِذَا سَمِعْتُمْ آيَاتِ اللَّهِ يُكْفَرُ بِهَا وَيُسْتَهْزَأُ بِهَا فَلَا تَقْعُدُوا مَعَهُمْ حَتَّىٰ يَخُوضُوا فِي حَدِيثٍ غَيْرِهِ ۚ إِنَّكُمْ إِذًا مِثْلُهُمْ ۗ إِنَّ اللَّهَ جَامِعُ الْمُنَافِقِينَ وَالْكَافِرِينَ فِي جَهَنَّمَ جَمِيعًا

"वह किताब में तुम पर ये हुक्म उतार चुका है कि, "जब तुम सुनो अल्लाह की आयतों के साथ कुफ्र किया जा रहा है और उनका मजाक उड़ाया जा रहा है, तो जब तक वो किसी दूसरी बात में ना लग जाएँ, उनके साथ ना बैठो, वरना तुम भी उन्हीं जैसे होगे।" अल्लाह मुनाफ़िक़ीन और कुफ्फार, सबको जहन्नुम में इकट्ठा करके रहेगा।"

अब इन दोनों आयतों को पढ़कर सोचिए, हज़रत अबु तालिब क़ुव्वत ही इस्लाम के शुरुआती दिनों में काम आई और क़ुरआन साफ़ कह रहा है काफ़िर की क़ुव्वत कोई काम नहीं आती, हज़रत मुहम्मद सल्लल्लाहु अलैहे व आलिही व सल्लम ने आपको रफ़ीक़ भी रखा और आपके साथ

भी उठते बैठते रहे। अब मेरे आक़ा पर ये शक करना की वो क़ुरआन पर अमल नहीं करते थे, खुला कुफ्र है और अगर क़ुरआन पर अमल था तो फिर ईमान ए अबु तालिब क़ुरआन से साबित है। अपनी बात को और पुख़्ता करने के लिए एक आयत और आपके सामने रखूँगा।

आइए, सूरः तौबा देखते हैं, जिसे ज़्यादातर अहले तश्ययो सूरः बारात भी कहते हैं, इस सूरः की आयत 23 में देखें तो अल्लाह रब उल इज़्ज़त फरमाता है-

يٰاَيُّهَا الَّذِيۡنَ اٰمَنُوۡا لَا تَتَّخِذُوۡۤا اٰبَآءَكُمۡ وَاِخۡوَانَكُمۡ اَوۡلِيَآءَ اِنِ اسۡتَحَبُّوا الۡكُفۡرَ عَلَى الۡاِيۡمَانِ ؕ وَمَنۡ يَّتَوَلَّهُمۡ مِّنۡكُمۡ فَاُولٰٓئِكَ هُمُ الظّٰلِمُوۡنَ

"ऐ लोगों जो ईमान लाए हो, अपने बाप और भाईयों को अपने रफ़ीक़ ना बनाओ अगर वो ईमान के मुक़ाबले में कुफ्र को पसंद करें, तुम में से जो कोई उन्हें अपना रफ़ीक़ बनाएगा, तो ऐसे लोग ज़ालिम होंगे।"

अब इस आयत को पढ़कर और तारीख़ में मुहम्मद रसूलुल्लाह और हज़रत अबु तालिब का साथ पढ़कर खुद सोच लें की आप सल्लललाहु अलैहे व आलिही व सल्लम ने अपने प्यारे चचा को कितना रफ़ीक़ बना रखा था?, बेशक क़ुरआन में हर सवाल का जवाब है लेकिन इल्म ओ तहक़ीक़ के बग़ैर कुछ हासिल नहीं होता। क़ुरआन ओ अहलेबैत अलैहिस्सलाम दोनों को थामकर ही हक़ राह मिलती है।

इस आयत में साफ़ तौर पर हुक्म है की ईमान के मुकाबले में कुफ्र को पसंद करने वाले शख़्स को रफ़ीक़ नहीं बनाना है, चाहे आपका अपना, बाप या भाई ही क्यों ना हो, लेकिन रसूलुल्लाह सल्लललाहु अलैहे व

आलिही व सल्लम और हज़रत अली अलैहिस्सलाम ने हज़रत अबु तालिब को अपना रफ़ीक़ बनाया।

शक क़ुरआन पर नहीं, रसूलुल्लाह और वलीयुल्लाह के अमल पर नहीं बल्कि उस मौलाना पर करो जो ये कहता है कि, "अबु तालिब ईमान के बग़ैर ही दुनिया से चले गए।"

कुछ इस से भी बढ़कर सूरः आले इमरान की आयत 28 में आता है। इस आयत में तो अल्लाह रब उल इज़्ज़त ने यहाँ तक कहा है की अहले कुफ्र को दोस्त बनाने वाले का अल्लाह से कोई तआल्लुक़ ही नहीं। मैं इस आयत को भी तर्जुमे के साथ लिख देता हूँ-

لَا يَتَّخِذِ الْمُؤْمِنُوْنَ الْكُفِرِيْنَ اَوْلِيَاۤءَ مِنْ دُوْنِ الْمُؤْمِنِيْنَ وَمَنْ يَّفْعَلْ ذٰلِكَ فَلَيْسَ مِنَ اللّٰهِ فِیْ شَیْءٍ اِلَّآ اَنْ تَتَّقُوْا مِنْهُمْ تُقٰىةً وَيُحَذِّرُكُمُ اللّٰهُ نَفْسَهٗ وَاِلَى اللّٰهِ الْمَصِيْرُ

"अहले ईमान को चाहिए कि अहले ईमान से हटकर अहले कुफ्र को अपना वली/सरपरस्त/दोस्त न बनाएँ और जो ऐसा करेगा उसका अल्लाह से कोई तआल्लुक़ नहीं, क्योंकि उससे तआल्लुक़ उसी बात को है की तुम उनसे बचो जिस तरह वो तुमसे बचते हैं। और अल्लाह तुम्हें अपना खौफ़ दिलाता है और अल्लाह की तरफ़ ही लौटना है।"

अगर आप दिल से सोचकर देखें, तो आपको एहसास हो जाएगा की हज़रत अबु तालिब क्या हैं?, कभी आप रसूलुल्लाह ने आपसे दुआ करवाकर, कभी अपना निकाह पढ़वाकर, कभी आपका ग़म मनाकर बता दिया कि रसूलुल्लाह की निगाह में हज़रत अबु तालिब अलैहिस्सलाम

का मकाम क्या है?, कुछ मुहद्दिसों ने तो आप हज़रत अबु तालिब की रिवायत से हदीस भी लिखी हैं, जो अपने आप में सोचने लायक बात है।

कुरआन की आयात के बाद, कुछ हदीस व कौल भी पेश कर रहा हूँ ताकि तहक़ीक़ करने वाले और तालिब ए इल्म को तहक़ीक़ करने में आसानी हो।

रसूलुल्लाह मुहम्मद सल्लललाहु अलैहे व आलिही व सल्लम ने, मौला अली अलैहिस्सलाम से फरमाया, "ऐ अली! तुम्हारी मिसाल मेरे भाई ईसा अलैहिस्सलाम की तरह है। जिस तरह उनके दुश्मनों ने उनसे नफरत की और उनकी माँ पर झूठी तोहमतें लगाई, ठीक उसी तरह, तुम्हारे दुश्मन, तुमसे दुश्मनी रखेंगे और तुम्हारे बाबा (हज़रत अबु तालिब) पर झूठे इलज़ाम व तोहमत लगाएँगे। (कन्ज़-अल-उम्माल)

मौला इमाम अली अलैहिस्सलाम ने फरमाया, "उस ज़ात की कसम की जिसने मुहम्मद सल्लललाहु अलैहे व आलिही व सल्लम को रसूल बनाकर भेजा! अगर बरोज़ ए हश्र, मेरे बाबा (हज़रत अबु तालिब), अल्लाह के हुज़ूर खड़े होकर, दुनिया में आए सभी गुनाहगारों की हिमायत करें और उनके लिए बख़्शिश माँगें तो अल्लाह सबको माफ फरमा देगा। (तज़किरतुल ख़्व'आस)

अहले सुन्नत वल जमात के ज़्यादात लोग हज़रत अबु बक्र को बहुत मानते हैं इसलिए एक रिवायत उनकी भी पेश कर रहा हूँ। हज़रत अबु बक्र रज़ियल्लाहो अन्हो फरमाते हैं, "हज़रत अबु तालिब का उस वक़्त तक दम आखिर नहीं हुआ जिस वक़्त तक आपने ये ना कह दिया, "मैं गवाही देता हूँ की अल्लाह के अलावा कोई माबूद नहीं और मुहम्मद,

अल्लाह के रसूल हैं।" (शेख़ अल्-अबता, अल बिदा'यह वल निहा'यह)

अब इतनी दलीलों और ख़ुलासों के बावजूद, मौलवी साहब शिया-सुन्नी को ईमान ए अबु तालिब पर लड़वाते रहें तो मैं उन शिया-सुन्नी भाई-बहनों को जाहिल मानूँगा जो मौलवियों और ज़ाकिरों के बहकावे में आकर एक-दूसरे से लड़ते हैं। अल्लाह रब उल इज़्ज़त हम सबको इल्म ओ तहक़ीक़ करने वाला बनाए। अल्लाहुम्मा सल्ले अला मुहम्मद व अला आले मुहम्मद।

35

मौला अली अव्वल ओ अफ्ज़ल हैं

मौलवी साहब, अहले तशय्यो पर ये इल्ज़ाम लगाते हैं कि शिया, मौला अली अलैहिस्सलाम को अव्वल ओ अफ्ज़ल मानते हैं जबकि आप अलैहिस्सलाम को तो अहले सुन्नत वल जमात के भी कई लोग अव्वल ओ अफ्ज़ल मानते हैं।

सहाबा रज़ियल्लाहो अन्हो में भी एक जमात थी जो मौला अली अलैहिस्सलाम की अव्वलियत व अफ्ज़लियत के कायल थे। हज़रत सलमान, हज़रत अबुज़र, हज़रत मिक़्दाद, हज़रत मालिक ए अश्तर, हज़रत अम्मार, हज़रत मुहम्मद बिन अबु बकर, हबीब इब्ने मुहाज़िर, हुज्र बिन आदि और भी कई सहाबा हुए हैं, जिनका अक़ीदा ये ही रहा है कि मौला अली अलैहिस्सलाम अव्वल ओ अफ़ज़ल हैं।

हमने मौला अली अलैहिस्सलाम को मौला अली के कहने पर मौला नहीं माना बल्कि हमने मौला अली अलैहिस्सलाम को उस पाक पैग़म्बर के कहने पर मौला माना है कि जिसके कहने पर हमने अल्लाह की तौहीद

मानी, जिसके कहने पर हमने क़ुरआन को क़ुरआन माना। मुसलमानों की ये बड़ी अजीब बात है की रसूलुल्लाह के कहने पर इन्होंने बुतों की परस्तिश छोड़कर, बिन देखे एक अल्लाह में मानना शुरू कर दिया जो मुहब्बत का आला सबूत है लेकिन ये क्या बात हुई की जिस अली को दिखाकर, रसूलुल्लाह ने फरमाया, "जिस-जिसका मैं मौला, उसका अली मौला है।", तो इस हदीस का इंकार कर दिया गया।

दावत ए जुलअशीरा के रोज़ ही रसूलुल्लाह सल्लललाहु अलैहे व आलिही व सल्लम ने ऐलान कर दिया था कि अली मेरा वारिस है, वसी है। फिर हर जंग में मौला अली अलैहिस्सलाम ही रसूलुल्लाह के अलमदार की हैसियत से साथ रहे। जब आप मुहम्मद रसूलुल्लाह ने हिजरत की तब अली अलैहिस्सलाम ही आपके बिस्तर शब ए हिजरत में सोए और आप अली अलैहिस्सलाम, रसूलुल्लाह के अमीन की हैसियत से मक्का में रुके। कभी रसूलुल्लाह ने आप अली अलैहिस्सलाम और खुदको एक नूर से पैदा बताया, कभी आपने अली अलैहिस्सलाम को मौला व वली बताया, कभी आपने अली अलैहिस्सलाम को सबसे बढ़कर बताया तो कभी आपने अपनी बेटी तक अली अलैहिस्सलाम को निकाह में दे दी।

जंग ए तबूक के मौके पर रसूलुल्लाह ने हज़रत अली अलैहिस्सलाम को अपनी जगह, अपना वारिस व आमिल बनाकर छोड़ा, जैसा की मूसा अलैहिस्सलाम ने हारून अलैहिस्सलाम को अपना वारिस व आमिल बनाया था। लेकिन इस उम्मत ने अल्लाह के ख़लीफ़ा को ना मानकर, उम्मत के चुने ख़लीफ़ा की बै'अत की।

तो सबसे पहले बात करते हैं ख़िलाफ़त की, यक़ीन मानिए मुझे इस बात से कोई ऐतराज़ नहीं। हालाँकि ख़लीफ़ा कौन बना था?, किसको बनना चाहिए था?, ये शिया-सुन्नी के बीच चला आ रहा एक बहुत बड़ा मसला

है।

हम सबसे पहले ख़िलाफ़त को समझते हैं, ख़िलाफ़त कोई सियासत या राज करने के लिए नहीं है बल्कि ये मख़लूक़ के लिए की जाती है। अल्लाह रब उल इज्जत अपने रसूल भेजते हैं, नबी भेजते हैं। और उन नबियों के ख़लीफ़ा होते हैं। यहाँ पर ध्यान रखने वाली बात ये है कि इस्लाम में शासन चलाने के लिए ख़िलाफ़त का तरीक़ा इख़्तियार किया जाता है।

अब ज़रा सोचकर देखिए, जब अपने पैग़म्बर,रसूल औला नबी, अल्लाह खुद भेजता है तो ख़लीफ़ा?, क्या इसे इंसान खुद चुन सकता है?, अगर जवाब "नहीं" है, तो ख़लीफ़ातुल्लाह कौन है?, और अगर आपका जवाब "हाँ" है और आप ये मानते हैं की ख़लीफ़ा इंसान खुद चुनते हैं, तो खलीफा चुनने के लिए मीज़ान क्या होना चाहिए?

इन सब पर बहुत बड़ी-बड़ी दलीलों के साथ शिया और सुन्नी, दोनों मसलकों के पास ढेरों किताबें हैं, सबके अपने दावे हैं और सबकी अपनी दलीलें भी हैं।

इस बात में भी शक नहीं कि रसूलुल्लाह के नाम से बहुत सारी झूठी हदीसें, हर दौर में जोड़ी गईं और हमारे मुहद्दिसों ने अपने-अपने इल्म, तहक़ीक़ और तसदीक़ से उन्हें अलग-अलग हिस्सों में छाँटा और कुछ हदीसों को सहीह करार दिया, कुछ को हसन करार दिया और कुछ को रद्द भी किया। बावजूद इसके हर मसलक, अपने-अपने फायदे की हदीसें पकड़कर रखा है, अगर अपना मतलब निकल रहा हो तो सहीह हदीस को नज़रअंदाज़ करके, हसन हदीस को बयान करता है और अगर

मसलक के ख़िलाफ़ हो तो सहीह हदीस भी छिपा ली जाती है।

लेकिन कहते हैं, जब दो हदीसों या दलीलों में टकराव पैदा हो जाए तो क़ुरआन की तरफ़ पलट आना चाहिए क्योंकि मुसलमानों की सबसे बड़ी और मोअतबर किताब तो क़ुरआन है और हर मसला क़ुरआन की रौशनी में देखना चाहिए। क्या ये मुमकिन है की इतना बड़ा मसला, क़ुरआन में ना हो?

आइए क़ुरआन की उन आयात को देखते हैं, जिनमें अल्लाह ने ख़िलाफ़त और ख़लीफ़ा के बारे में ज़िक्र किया है -

وَإِذْ قَالَ رَبُّكَ لِلْمَلَائِكَةِ إِنِّي جَاعِلٌ فِي الْأَرْضِ خَلِيفَةً ۖ قَالُوا أَتَجْعَلُ فِيهَا مَنْ يُفْسِدُ فِيهَا وَيَسْفِكُ الدِّمَاءَ وَنَحْنُ نُسَبِّحُ بِحَمْدِكَ وَنُقَدِّسُ لَكَ ۖ قَالَ إِنِّي أَعْلَمُ مَا لَا تَعْلَمُونَ

وَعَلَّمَ آدَمَ الْأَسْمَاءَ كُلَّهَا ثُمَّ عَرَضَهُمْ عَلَى الْمَلَائِكَةِ فَقَالَ أَنْبِئُونِي بِأَسْمَاءِ هَٰؤُلَاءِ إِنْ كُنْتُمْ صَادِقِينَ

قَالُوا سُبْحَانَكَ لَا عِلْمَ لَنَا إِلَّا مَا عَلَّمْتَنَا ۖ إِنَّكَ أَنْتَ الْعَلِيمُ الْحَكِيمُ

ऐ रसूल! उस वक़्त को याद करो जब तुम्हारे परवरदिगार ने मलायका से कहा कि मैं ज़मीन में अपना ख़लीफ़ा बनाने वाला हूँ और उन्होंने कहा कि क्या उसे बनायेगा जो ज़मीन में फ़साद बरपा करे और ख़ूँरेज़ी करे जबकि हम तेरी तसबीह और तक़्दीस करते हैं तो इरशाद हुआ कि मैं वह जानता हूँ जो तुम नहीं जानते हो।

और ख़ुदा ने आदम को तमाम असमा (नामों) की तालीम दी और फिर उन सबको मलायका के सामने पेश करके फ़रमाया कि ज़रा तुम इन सबके नाम तो बताओ अगर तुम अपने ख़्याले इसतहक़ाक़ में सच्चे हो।

मलायका ने अर्ज़ की कि हम तो उतना ही जानते हैं जितना तूने बताया है कि तू साहिबे इल्म भी है और साहिबे हिकमत भी।

पहली बात तो ये कि जब अल्लाह रब उल इज्जत ने आदम अलैहिस्सलाम को ख़लीफ़ा बनाने का सोचा तो वहाँ भी कुछ और दावेदार (फरिश्ते आए जिन्होंने आदम को ख़िलाफ़त के लायक नहीं बताया और कहा कि हम मलायक तो हैं आपकी हम्द ओ सना करने के लिए। यहाँ एक और बात समझने लायक है कि ज़रूरी नहीं ऐतराज़ करने वाला ख़राब ही हो, वहाँ तो ऐतराज़ फरिश्ते कर रहे थे।

दूसरी गौर करने वाली बात ये है कि जब ख़लीफ़ा को लेकर बात उठी तो अल्लाह रब उल इज़्ज़त ने फैसला बै'अत दिलवाकर नहीं किया और ना ही जबरन अपना फरमान लागू कर दिया बल्कि फरिश्तों को भी दावेदारी साबित करने का मौका अता किया और इम्तिहान में कामयाब हो जाने पर, ज़मीन पर अपना ख़लीफा, आदम अलैहिस्सलाम को बनाया, साथ ही साथ ये साबित भी किया कि हज़रत आदम अलैहिस्सलाम ही ख़लीफा बनने के लायक हैं।

अब तीसरी और सबसे अहम बात ये है कि अल्लाह रब उल इज़्ज़त ने ख़िलाफ़त के लायक कौन है?, ये इल्म की बुनियाद पर तय किया। अल्लाह के चुने ख़लीफ़ा का इल्म बाकि सबसे ज़्यादा था। ये हो गई

कुरआन की बात, आइए अब तारीख़ की तरफ़ लौटते हैं, मेरे आका सल्लल्लाहु अलैहे व आलिही व सल्लम के पर्दा फरमा लेने के बाद ख़िलाफ़त की बात उठी, लोगों में बहस और इख़्तिलाफ़ हुआ। क्या कुरआन पर अमल करते हुए इल्म की बुनियाद पर फैसला नहीं होना चाहिए था?

अगर इल्म की बुनियाद पर फैसला होता, जैसा की कुरआन की आयात में आया है तो दुनिया जानती है, रसूलुल्लाह सल्लल्लाहु अलैहे व आलिही व सल्लम ने फरमाया, "मैं इल्म का शहर हूँ और अली उसका दरवाज़ा है।"

बाबुल इल्म से बढ़कर, ख़िलाफ़त और किसकी होगी?, यहाँ एक बात और है, जिसपर लोगों का ध्यान नहीं जाता, वो ये है कि, "क्या ये मुमकिन है की जो नबी, ज़िन्दगी भर दिन-रात अपनी उम्मत की बख़्शिश के लिए रोते रहे, वो ही प्यारे रसूल सल्लललाहु अलैहे व आलिही व सल्लम अपनी उम्मत को यूँ बेसहारा, यतीम व लावारिस छोड़कर जाएँगे?"

मजमा अल्-ज़वा'इद में भी ये रिवायत मौजूद है की मुहम्मद सल्लललाहु अलैहे व आलिही व सल्लम ने फरमाया, "जो शख़्स किसी को एक जमाअत पर मुअय्यन करे जब की वो जानता हो कि उनके दरमियान उससे बेहतर कोई मौजूद है, तो उसने ख़ुदा और रसूल और मोमिनीन के साथ ख़यानत की है।

कन्जुल उम्माल में भी एक ऐसी ही रिवायत, अल्फाज़ के इख़्तिलाफ़ के साथ मौजूद है। रसूलुल्लाह सल्लललाहु अलैहे व आलिही व सल्लम ने फरमाया, "जो शख़्स दस लोगों पर किसी शख़्स को मुअय्यन करे और

ये जानता हो कि उन दस लोगों में उस से अफ़्ज़ल कोई दूसरा मौजूद है तो उसने ख़ुदा और रसूल और मोमनीन के साथ धोखा किया।

मैं ख़ुद भी कुरआन ओ हदीस व तारीख़ की रौशनी में तहक़ीक़ करने के बाद ये ही अक़ीदा रखता हूँ कि बाद ए रसूल सल्लललाहु अलैहे व आलिही व सल्लम, मौला अली अलैहिस्सलाम ही ख़िलाफ़त के असल हक़दार थे। अब उन्हें ख़िलाफ़त क्यों नहीं मिली?, या क्यों नहीं लेने दी?, ये अलग मसले हो सकते हैं पर मौला अली अलैहिस्सलाम को अव्वल ओ अफ़्ज़ल मानने में सिवाय नासबियों व खारजियों के किसी को कोई तक़लीफ़ नहीं होती।

तो सारे शिया और बहुत कुछ सुन्नी भी मौला अली अलैहिस्सलाम की अफ़्ज़लियत व अव्वलियत को मानते हैं। ख़िलाफ़त के अलावा, इमामत ओ विलायत में भी आपको सरदार मानते हैं। मसलन के तौर पर सारे मुसलमान आप अली अलैहिस्सलाम को वलियों का सरदार मानते हैं। (कुछ जाहिल मरवानी मौलवियों के अलावा।)

तो मेरे अपनों! उन बातों पर इख़्तिलाफ़ करने से बचो, जिनपर हक़ खुल चुका है और कुरआन की आयात में रौशन दलील आ चुकी है। अल्लाह रब उल इज़्ज़त हम सबको हक़ राह पर चलने वाला बनाए। कुरआन व अहलेबैत अलैहिस्सलाम को थामने वाला बनाए। अल्लाहु अकबर कसीरन कसीरा। अल्लाहुम्मा सल्ले अला मुहम्मद व अला आले मुहम्मद।

36

बाग़ ए फ़दक

बाग एे फ़दक, शिया और सुन्नी के बीच बनी दूरी में एक बड़ा इख़्तिलाफ़ है। बड़े से बड़े सुन्नी उलेमा भी इस मसले पर बात करने से बचते आए हैं। कुछ लोगों का मानना ये था कि इस मसले पर बात करने से सहाबाओं की तौहीन होगी, हालाँकि हक़ आम करने से किसी की तौहीन नहीं होती। शिया हज़रात इस मसले पर हमेशा से बोलते आए हैं लेकिन सुन्नी सादातों ने अब तक भी इस मसले पर सुकूत इख़्तियार कर रखा था। सुकूत की वजह डर नहीं बल्कि उम्मत को लड़ाई-झगड़े से बचाना था।

हालाँकि चंद साल पहले, अहले सुन्नत में दावत ए इस्लामी पाकिस्तान जो खुदको बरेलवी मसलक की एक तंज़ीम बताती है, उससे जुड़े एक अहमक़ मौलवी ने फ़दक पर बयान दिया और अम्मा फ़ातिमा सलामुल्लाह अलैहा को ही ख़ता पर बता दिया। यानी सुन्नी सादात इसलिए सुकूत रखे थे की सहाबाओं की गलतियाँ ना गिनाई जाएँ वरना आपस में दूरियाँ बढ़ जाएँगी तो इसके उलट ये हुआ कि नबी की बेटी को ही ख़ता पर बता दिया गया। तआज्जुब की कोई बात नहीं क्योंकि सुलह करके तोड़ना, मरवानी मौलवियों की आदत रही है।

बहरहाल, शुरुआत मुल्ला जी ने की है और शुरुआत भी ऐसी कि बिन्त ए रसूल को ख़ता पर कह दिया इसलिए अब सुकूत रखना, बुजदिली के अलावा और कुछ नहीं होगा। हालाँकि मैं मसला ए फ़दक पर, अपनी एक किताब "वसी ए रसूल", में पहले ही लिख चुका हूँ लेकिन इस किताब में भी ये मसला बयान करना ज़रूरी समझता हूँ। अल्लाह की कसम खाकर कहता हूँ, बिन्त ए रसूल हक़ पर थीं और उनके मुक़ाबले में जो भी आया वो हमेशा गलत रहा। बाद में किस ने तौबा की?, किस की तौबा कुबूल हुई?, किस की तौबा कुबूल नहीं हुई?, ये अल्लाह ही बेहतर जानने वाला है।

हमने दुनिया कमाने के चक्कर में दुनियावी इल्म तो खूब हासिल किया लेकिन हम, दीन से दूर हो गए। बाग ए फ़दक का मसला अपने आप में बहुत इख़्तिलाफ़ व कई मसले समेटे हुए है। सुन्नियों की अपनी दलील हैं, शियाओं की अपनी दलील हैं हालाँकि सबसे पहले तो मैं बात करूँगा, कुरआन की, जब नसारा ने कुरआन की दलीलों को तक झुठला दिया था, तब रब ने पंजतन को आगे कर दिया था यानी हर दलील से ऊपर है मक़ाम ए पंजतन। आयत ए मुबाहला, आप खुद भी देख सकते हैं।

मैं तारीख़ और दलीलों से हटकर बात करूँ तो भी ये ही कहूँगा कि फ़दक, फ़ातिमा सलामुल्लाह अलैहा का था। ये कहने के लिए इतना काफ़ी है कि जिसने माँगा था वह रसूलुल्लाह सल्लललाहु अलैहे वसल्लम की बेटी थीं और उससे भी बढ़कर बात ये कि वो जुज़ ए रसूल थीं। अब मैं ये नहीं मान सकता कि जुज़ ए रसूल से ज़्यादा किसी सहाबा को पता होगा कि हक़ क्या है, क्या नहीं?

अब तारीख़ में जो हो गया, उसे बदला तो नहीं जा सकता लेकिन हक़ कह देने से, उसे मान लेने से, कोई छोटा नहीं हो जाता। बेशक, हम सबको

ये मानना चाहिए कि फ़दक, फ़ातिमा सल्लललाहु अलैहा का ही था और उन्हें अपने हक़ से दूर रखना, ग़लत था, है और ग़लत ही रहेगा।

आइए, देखते हैं कि फ़दक का मसला दरअसल था क्या?, मसलकों की क़ैद से खुद को आज़ाद करके, इस्लाम की जमीं पर, क़ुरआन के साए में बैठकर, खुद पढ़ें और सोचें कि "मसला ए फ़दक", दरअसल है क्या?

सबसे पहले तो ये बता दूँ कि इसे बाग़ ए फ़दक कहा जाता है लेकिन हकीकत में फ़दक एक बड़ा सर'सब्ज़ो शादाब इलाके का नाम था, जो यहूदियों की मिल्कियत में था। फत्ह ए ख़ैबर के बाद यहूदियों ने सुलह के साथ, इसे पैग़म्बर सल्लललाहु अलैहे व आलिही व सल्लम को दे दिया था।

इस्लाम की शरीयत ये भी कहती है कि अगर कोई माल ए ग़नीमत, बिना जंग किए, दुश्मन की तरफ़ से मिल जाए तो उस पर सिर्फ़ नबी का हक़ है यानी दूसरों का उस मामले में दख़ल नहीं। इस बात में किसी को भी इख़्तिलाफ़ नहीं है कि ये फ़दक, सिर्फ़ रसूलुल्लाह का था यानी उनकी जाती मिल्कियत में था।

ये फ़दक भी बड़ा अजीब था, कभी छीना गया तो कभी लौटाया भी गया, कभी फ़ातिमा सलामुल्लाह अलैहा, दरबार से खाली हाथ लौटीं, तो कभी औलाद ए फ़ातिमा सलामुल्लाह अलैहा को खुद दरबार में बुलाकर लौटाया गया।

सबसे पहले तो ये जनाब ए फ़ातिमा सलामुल्लाह अलैहा से छीना गया, कई सालों बाद, उमर बिन अब्दुल अजीज़ ने फ़दक, इमाम बाक़िर को लौटा दिया। इसके बाद ये सादात के पास ही रहा, काफी दिनों बाद यजीद बिन अब्दुल मलिक बिन मारवान ने इसे फिर छीना, जब अब्बासी हुकूमत का दौर आया तो अहमद सफ्फ़ाह ने ख़ौफ़ ए खुदा की बुनियाद पर फ़दक, फिर फ़ातिमा सलामुल्लाह अलैहा की औलादों के हवाले कर दिया।

इसके बाद फिर फ़दक, औलाद ए फ़ातिमा सलामुल्लाह अलैहा के पास रहा लेकिन मंसूर के ज़माने में फिर छीना गया। मंसूर के बेटे मेहदी अब्बासी ने ख़ौफ़ ए इलाही की बुनियाद पर, फिर से फ़दक लौटा दिया। इसके बाद जब उसके बेटे हादी ने हुकूमत पाई तो फिर से फ़दक छीन लिया।

जब मामून की हुकूमत का वक्त आया तो उसने बड़े-बड़े आलिमों को इकट्ठा करके बहस करवाई, सबूत देखे और फैसला लिया कि फ़दक, फ़ातिमा सलामुल्लाह अलैहा का ही है लिहाज़ा उसने इमाम अली रज़ा को सौंप दिया। आख़िरकार, मुतवक्किल ने एक बार फिर, फ़दक को छीना लेकिन फिर कभी दोबारा फ़दक को वापिस नहीं दिया गया।

सोचने वाली बात ये है कि कुछ लोगों का दावा है कि फ़ातिमा सलामुल्लाह अलैहा का फ़दक पर हक़ ही नहीं था। तो फिर क्यों बार-बार हुकूमत में बैठे लोग ख़ौफ़ ए खुदा के डर से या मुआशरे में बदनामी के डर से बार-बार फ़दक वापिस लौटाया है?, एक शायर ने फ़ारसी में बड़ा गहरा शेर कहा है-

ख़श्त अव्वल चूं नहद मेमार ए कज
तासिरयाई रूद ए दीवार ए कज

यानी जब मेमार, पहली ईंट ही टेढ़ी रख देता है तो अगर दीवार आसमान तक भी जाए तो टेढ़ी ही रहती है। यानी अगर बुनियाद ही सही ना रखी हो तो इमारत सही बन ही नहीं सकती।

अब कोई मुझ पर इल्ज़ाम लगाने के पहले ये याद रखे कि सबको अपनी सोच रखने का इख़्तियार है। अगर आप मानते हो कि फ़ातिमा सलामुल्लाह अलैहा का फ़दक पर हक़ नहीं था तो भी आप ये याद रखो कि कई हुकूमतों ने बार-बार, फ़दक लौटाया यानी वह भी मानते थे कि फ़दक बिन्ते रसूल का ही है। और जिस तरह से आपने, बिन्त ए रसूल को मसला ए फ़दक पर ख़ताकार जाना, हम भी उसी तरह से हर उस शख़्स को ख़ता पर जानते हैं, जिसने फ़दक छीनने, दबाए रखने में खुला-छिपा साथ दिया।

फ़दक सिर्फ़ रसूलुल्लाह की ही मिल्कियत था। जैसा की मैंने पहले बताया कि चूँकि वह जंग करके नहीं मिला था इसलिए वह रसूलुल्लाह की मिल्कियत था, आप चाहते तो अपने पास रखते और आप चाहते तो बाँट सकते थे। बहरहाल आपने फ़दक, अपने पास ही रखा।

शियाओं की सारी ही किताबों में ये बात मौजूद है लेकिन अहले सुन्नत में भी इब्ने कसीर, इब्ने हश्शाम, हलबी वगैरह ने ये माना है कि फ़दक सिर्फ़ रसूलुल्लाह की ही मिल्कियत में था। सबसे बड़ा सवाल ये उठता है कि फ़दक, मिल्कियत ए ज़हरा था या फिर मीरास ए रसूल था?

मीरास वह माल या जायदाद है जो मालिक के दुनिया से जाने के बाद उसके अपनों में तक़्सीम हो जाती है और मिल्कियत के मायने, मालिकाना हक़ से है। फ़दक के मामले में अगर देखें तो दोनों ही हालात में फ़दक, फ़ातिमा ज़हरा को ही मिलता।

हमारे अक़ीदे के मुताबिक, फ़दक, रसूलुल्लाह की मिल्कियत थी लेकिन उन्होंने अपनी हयात में ही इसे, फ़ातिमा सलामुल्लाह अलैहा को दे दिया था यानी रसूलुल्लाह जब दुनिया में थे तब ही वह फ़दक का मालिकाना हक़, फ़ातिमा सलामुल्लाह अलैहा को दे चुके थे। क़ुरआन में जब ये आयत नाज़िल हुई -

" وَآتِ ذَا الْقُرْبَىٰ حَقَّهُ وَالْمِسْكِينَ وَابْنَ السَّبِيلِ "

यानी, "और ऐ पैग़म्बर! क़राबतदारों और मिस्कीनों और मुसाफ़िरों को उनका हक़ दे दीजिए।"

जब आयत में ये हुक्म आया कि क़राबतदारों को उनका हक़ दे दीजिए, रसूलुल्लाह सल्लललाहु अलैहे व आलिही व सल्लम ने फ़ातिमा सलामुल्लाह अलैहा को फ़दक दे दिया। अम्मा फ़ातिमा सलामुल्लाह अलैहा की सदाक़त पर किसी को शक नहीं है और ना ही होना चाहिए क्योंकि अगर जुज़ ए रसूल की सच्चाई पर ही शक है तो मतलब आप फिलहाल मुहम्मदुर-रसूलउल्लाह तक ही नहीं पहुँचे हैं।

क़ुरआन की आयत ए ततहीर इस बात की गवाह है कि अहलेबैत अलैहिस्सलाम हर ऐब ओ बुराई से पाक हैं यानी ना आप झूठ बोलते हैं, ना ही कोई नाहक़ बात, ना ही आप में किसी तरह का लालच है और ना

दुनिया को पाने कि ख़्वाहिश।

ज़ाहिर-सी बात है कि जिसके सदके में दुनिया बनी हो वह दुनिया से कुछ नहीं चाहेगा। अगर आप हदीसें भी उठाकर देखेंगे तो फ़ातिमा सलामुल्लाह अलैहा की फ़ज़ीलतें इतनी मिलेंगी कि ख़ुद रसूलुल्लाह भी आपको आता देखकर, आप सलामुल्लाह अलैहा की ताज़ीम और मुहब्बत में खड़े हो जाया करते थे। रसूलुल्लाह सल्लललाहु अलैहे वसल्लम, आपको उम्मे अबीहा कहा करते थे। क्या ये भी आपके नज़दीक़ कम है?

बीबी, बार-बार दरबार में फ़दक माँगने जाती रहीं लेकिन आपको नहीं मिला। जहाँ तक मैं समझ पाया हूँ कि इसमें भी बहुत गहरा राज़ छिपा है, जो बहुत कम लोगों को समझ आएगा।

ये कह देना आसान है कि फ़दक फ़ातिमा सलामुल्लाह अलैहा का नहीं था लेकिन तारीख़ चीख चीखकर बयान कर रही है कि आप फ़ातिमा सलामुल्लाह अलैहा ने क़ुरआन की दलीलों से साबित करके अपना हक़ वापिस माँगा था, वह फ़दक जिसे रसूलुल्लाह सल्लललाहु अलैहे व आलिही व सल्लम के दुनिया से पर्दा फरमाते ही मुसलमानों ने ख़ुद छीनकर, अपने कब्ज़े में कर लिया था।

आपको ये जानकर भी ताज्जुब होगा कि शहर ए इल्म की बेटी और इल्म के दरवाज़े की बीवी ने, दो मुक़दमे दर्ज करके अपना हक़ वापिस माँगा था। जी हाँ एक मुक़दमा ख़ारिज होने पर भी आपने अपने इल्म से दूसरा मुक़दमा दायर किया लेकिन अफसोस दूसरा मुक़दमा भी खारिज कर दिया गया।

मुझे आज तक ये ही समझ में नहीं आया कि अम्मा फ़ातिमा सलामुल्लाह अलैहा, दरबार में कुछ माँगने गईं थीं या फिर हमारे लिए कुछ सबक और तारीख़ छोड़ने के लिए दरबार गईं थीं क्योंकि मैंने जितनी बार भी फ़दक के मसले को सोचा, मुझे कुछ ना कुछ सीख ज़रूर मिली और तारीख़ भी खुलकर सामने आई।

जब अम्मा फ़ातिमा सलामुल्लाह अलैहा, दरबार में आईं और अपना हक़ तलब किया तो हज़रत अबु बक़र ने कहा कि ये रसूलुल्लाह की मिल्कियत में है लिहाज़ा ये माल ए ग़नीमत में शामिल है, सारी उम्मत का होगा और ख़लीफ़ा की हैसियत से मेरे पास रहेगा।

फ़ातिमा सलामुल्लाह अलैहा ने क़ुरआन की आयत पढ़कर, दोबारा सवाल किया कि अल्लाह ने जब फरमाया, "ऐ रसूल! अपने क़राबतदारों को उनका हक़ दे दीजिए." , तब ये फ़दक मुझे, रसूलुल्लाह सल्लललाहु अलैहे वसल्लम ने दे दिया था।

जवाब में हज़रत अबु बक़र ने हदीस बयान करके फरमाया कि "मैंने रसूलुल्लाह सल्लललाहु अलैहे वसल्लम को ये कहते हुए सुना कि हम गिरोहे अम्बिया के ना वारिस होते हैं, ना ही वारिस बनाते हैं।"

फ़ातिमा सलामुल्लाह अलैहा ने इसे हदीस मानने से इंकार करते हुए ये कहा कि मेरे बाबा सल्लललाहु अलैहे व आलिही व सल्लम, क़ुरआन के खिलाफ़ एक बात भी नहीं कह सकते। इसके बाद आपने क़ुरआन से ही कई आयतें पढ़ीं जो साबित करती हैं कि अंबिया के वारिस होते हैं।

यहाँ दो-चार बातें बड़ी तआज्जुब करने लायक हैं, पहली तो ये कि रसूलुल्लाह ने अपने घरवालों में से किसी को इतनी बड़ी और ज़रूरी बात नहीं बताई कि उनके घरवाले उनके वारिस नहीं हैं बल्कि अपने एक सहाबा को बस बताकर गए, क्या ऐसा हो सकता है?, ये बात भी मेरी समझ से परे है।

दूसरी बात ये कि इस हदीस को भी चुपचाप से एक सहाबा को बताया, अहलेबैत तो अहलेबैत, सारे सहाबियों के सामने भी इतनी बड़ी बात बताना ज़रूरी नहीं समझा?

तीसरी सबसे ज़रूरी बात ये कि अगर कोई हदीस पेश करे और सामने वाला कुरआन की आयत पेश करे, अगर हदीस, कुरआन की आयत की रौशनी में सही नहीं बैठती तो उसे रद्द कर दिया जाता है यानी जाली हदीस मान लिया जाता है।

और चौथी बात ये कि कुरआन में वाकई में अम्बियों के वारिस पर आयतें आई हैं, अगर आपने कुरआन पढ़ा है तो आप खुद ये बात समझ रहे होंगे।

अगर फ़दक फ़ातिमा सलामुल्लाह अलैहा का ना होता तो आप कभी फ़दक माँगने दरबार या मस्जिद नहीं जातीं। आपका दरबार में जाना ही ये मानने के लिए काफ़ी है कि फ़दक पर सिर्फ़ आपका हक़ था। ज़ाहिर-सी बात है कि आप जैसी पाक़ ख़ातून, अपने शौहर से इजाज़त लिए बग़ैर नहीं जाएगी, आपको मौला अली अलैहिस्सलाम ने नहीं रोका ये दूसरी दलील है कि आप ही हक़ पर थीं।

आप बार-बार हक़ माँगने आती रहीं, आप क़ुरआन की आयतें सुनाकर हक़ तलब करती रहीं बदले में आपको वही एक हदीस बयान की जाती रही।

एक रोज़ जब आप अपना हक़ माँग रहीं थीं तो अव्वल ख़लीफ़ा ने फरमाया कि मैंने रसूलुल्लाह को ये कहते हुए सुना था कि, "ज़हरा सिर्फ़ मेरी ज़िन्दगी में ही फ़दक तसर्रुफ़ करेंगी, लेकिन मेरे बाद ये मुसलमानों का हो जाएगा।"

ताज्जुब की बात है कि ऐसी अजीब ओ गरीब-सी वसीयत कैसे की गई और अफ़सोस को बात ये है कि ये भी रसूलुल्लाह सल्लललाहु अलैहे वसल्लम ने तसर्रुफ़ करने वाली बेटी या उसके शौहर, या अपनी बीवियों या चचा से ना कहकर, बस एक ही सहाबा से कही?

मैंने पूरी तारीख़ पढ़कर देखी लेकिन मुझे ऐसा कहीं नहीं मिला कि अव्वल ख़लीफ़ा ने किसी और को पेश करके कहा हो या कोई ख़ुदसे निकलकर सामने आया हो और ये दावा किया हो कि हाँ मैंने भी रसूलुल्लाह को ऐसा कहते सुना है।

अगर ऐसी कोई बात होती तो रसूलुल्लाह सल्लललाहु अलैहे व आलिही व सल्लम अपनी बेटी से साफ़ कहते कि मैं ये कुछ वक़्त के लिए आपको दे रहा हूँ, यूँ ना कहते कि यह फ़दक तुम्हारी मिल्कियत है।, "कालन नबी बा फ़ातेमता लका फ़दक" , तआज्जुब है कि रसूलुल्लाह ने अपनी बेटी से "लका फ़दक" बस कहा। अगर सिर्फ़ अपनी हयात तक के लिए देते तो आप आगे, "एला फ़ी हयाती" , ज़रूर जोड़ देते।

जब ख़लीफ़ा ने कहा कि अम्बिया के वारिस नहीं होते तब हज़रत अली, इमाम हसन, इमाम हुसैन, उम्मे ऐमन, असमा और इब्ने अब्बास ने, दरबार आकर गवाही दी कि हमारी मौजूदगी में रसूलुल्लाह सल्ललाहु अलैहे वसल्लम ने फ़दक, फ़ातिमा ज़हरा को दिया लेकिन एक बार फिर अफ़सोस कि इनकी गवाही भी कुबूल ना हुई।

सबसे पहली बात तो ये कि अल्लाह के रसूल, ऐसी ज़रूरी बातें, किसी एक शख़्स को नहीं कहते बल्कि आपकी हिदायतें और हदीसें तो सबके लिए होती हैं। फिर ज़मीन और वारिस का मसला, सिर्फ़ सोचने वाली बात ये है कि इतने बड़े मसले सिर्फ़ एक सहाबा को ही क्यों बताएँगे?, अगर ऐसा कुछ होता तो आप अहलेबैत को ज़रूर बताते।

अगर अंबिया के वारिस नहीं होते तो क्या अम्मा फ़ातिमा सलामुल्लाह अलैहा, झूठा दावा करती थीं?, 'माज़'अल्लाह' , रसूलुल्लाह का जुज़ झूठा नहीं हो सकता भले ही सारी दुनिया भी मुक़ाबले में आकर उन्हें ग़लत कह दे।

हज़रत अली, जिनकी गवाही हज़ारों की गवाही से अफ़्ज़ल थी, उस गवाही को ये कहकर रद्द कर दिया कि अगर फ़ातिमा सलामुल्लाह अलैहा को ज़मीन मिलती है तो अली का भी फायदा है।

जनाबे असमा की गवाही रद्द कर दी और उम्मे ऐमन, जिनकी गवाही को रसूलुल्लाह ने दो के बराबर बताया था, उसे भी रद्द कर दिया गया। क्या शान है मेरे रसूलुल्लाह की कि आप रसूलुल्लाह ने उम्मे ऐमन की गवाही को पहले ही दो के बराबर बता दिया, आपको ख़बर होगी आगे

क्या कुछ होने वाला है?

हसनैन अलैहिस्सलाम की गवाहियाँ, बच्चा कहकर क़ुबूल नहीं कीं हालाँकि रसूलुल्लाह ने तो बचपने में ही उन्हें जन्नत की सरदारी मिलने की ख़ुशख़बरी दे दी थी।

इस सब से हटकर, मुझे तो ये ही बात चुभती है कि कोई भी शख़्स, रसूलुल्लाह सल्लललाहु अलैहे व इलिही व सल्लम की बेटी से गवाह लाने की बात, कैसे कह सकता है?

मेरे हिसाब से तो रसूलुल्लाह सल्लललाहु अलैहे वसल्लम की बेटी से गवाह लाने की बात कहना भी एक बड़ी गलती थी। तआज्जुब होता है कभी-कभी कि अब लोगों को ये बोलने में भी सोचना पड़ता है कि फ़ातिमा सलामुल्लाह अलैहा एक पल के लिए भी हक़ से दूर नहीं हो सकतीं क्योंकि वह जुज़ ए रसूल हैं।

बाकि अगर फ़ातिमा सलामुल्लाह अलैहा को फ़दक मिलने से अली अलैहिस्सलाम को फायदा होता, तो ये भी हक़ है कि फ़दक, ख़लीफ़ा के पास रहने से ख़लीफ़ा को फायदा होता लेकिन ना कोई ये कहने वाला था और ना ख़लीफ़ा से गवाह लाने की किसी ने तलब ही की।

रिवायतों में ये भी मिलता है कि जब फ़ातिमा सलामुल्लाह अलैहा के गवाहों को झुठला दिया गया तो आप ततहीरा बतूल ने दूसरा मुकदमा किया और एक बेटी की हैसियत से बाप की जाँगीर में हिस्सा माँगा, सुन्नियों की रिवायत में ये भी मिलता है कि हज़रत अबु बक़र से जब ये

कहा गया कि आपकी विरासत में तो आपकी बेटी को हिस्सा है पर रसूल की बेटी को उनके बाप की जाँगीर में कोई हिस्सा नहीं तो आपने फ़दक, बीबी के नाम लिख दिया जिसे बाद में हज़रत उमर ने फाड़ दिया।

हालाँकि मुझे इस हदीस पर उतना यकीन नहीं लेकिन तारीख़ और हदीस उठाकर देखो तो ये एहसास ज़रूर होता है कि चाहे जानबूझकर किया गया हो या अनजाने में किया गया हो, किसी के बहकावे में किया गया हो या दुनिया की गिरफ़्त में आकर किया हो लेकिन अहलेबैत अलैहिस्सलाम के साथ हर दौर में ग़लत ज़रूर हुआ है।

शायद लड़ाई और इख़्तिलाफ़ की एक बड़ी वजह ये भी है कि एक तबका तो ये तक साबित करने की कोशिश करता है कि अहलेबैत पर ज़ुल्म हुआ ही नहीं है। कुछ तारीख़ों में मैंने खुद पढ़कर देखा है, यज़ीद को इतना नेक बताने की कोशिश की जाती है, जिसकी हद नहीं।

यज़ीद का जिक्र इसलिए करता हूँ क्योंकि जिस तारीख़ ने इब्ने अली को क़त्ल करवाने वाले को नेक लिखा हो, उससे कितनी सच्ची तारीख़ की उम्मीद की जा सकती है?, ये आप खुद सोच सकें।

आज के दौर में चारों तरफ़ से फित्ने भी बढ़ रहे हैं और दुश्मन भी हमारे ख़िलाफ़ साज़िश रच रहे हैं, आपस में लड़ने-भिड़ने से बेहतर है कि हम एक दूसरे को समझने की कोशिश करते रहें और हक़ को हक़ कहना सीखें।

अम्मा फ़ातिमा सलामुल्लाह अलैहा ने बाग़ ए फ़दक के एक मसले से जो इंक़लाब शुरू किया वो आज तक जारी है और इंश आ अल्लाह आगे भी जारी रहेगा। अम्मा फ़ातिमा सलामुल्लाह अलैहा ने तौहीद, दीन, कुरआन, रिसालत, नबूवत, ख़िलाफ़त, विलायत, इमामत को बचा लिया। बिन्त ए रसूल ने मदीना में ही रहकर करबला करके दिखा दी और अलीयुन वलीयुल्लाह बचा लिया।

फ़ातिमा सलामुल्लाह अलैहा यानी रसूलुल्लाह सल्लललाहु अलैहे व आलिही व सल्लम की प्यारी बेटी। जिन्हें रसूलुल्लाह सल्लललाहु अलैहे व आलिही व सल्लम उम्मे अबीहा कहा करते थे। आप रसूलों के सरदार की बेटी हैं। हमारे अक़ीदे के मुताबिक, आप फ़ातिमा सलामुल्लाह अलैहा, बाद ए रसूल, सबसे अफ़्ज़ल हैं। आप बतूल हैं, पाक़ हैं, ततहीरा हैं और नेक ख़ातून हैं।

आप जन्नत की औरतों की सरदार हैं और आपके लिए रसूलुल्लाह ने फरमाया कि खुदा उससे राज़ी है, जिससे फ़ातिमा राज़ी हो। रसूलुल्लाह सबसे ज्यादा मुहब्बत अपनी बेटी से किया करते थे और आप सलामुल्लाह अलैहा के बेटों यानी सिब्तैन को अपना बेटा कहा करते थे। आपके दोनों बेटे, जन्नत के जवानों के सरदार हैं।

जब रसूलुल्लाह ने आपका निकाह किया तो, अली से किया, आपके शौहर वलियों के सरदार हैं। आप कुल्ले ईमान के निस्फ़ ईमान की मालकिन हैं। आपके मर्तबे और बुलंदी का अंदाज़ा लगा पाना, ना'मुमकिन है।

37

सुलह ए हसन

यूँ तो मैंने सुलह ए हसन अलैहिस्सलाम व जंग ए हुसैन अलैहिस्सलाम (Topic - 33) के बारे में पहले ही बता दिया है। उसमें मैंने ये बताया की इमाम हसन अलैहिस्सलाम ने सुलह क्यों की?, उस सुलह का मक़सद क्या था?, सुलह ज़रूरी क्यों थी?, मैंने उसमें ये भी बताया की अबुल यज़ीद ने सुलह की किसी एक भी शर्त को पूरा नहीं किया। मुझे लगता है की सुलह ए हसन अलैहिस्सलाम पर भी थोड़ा और तफ़्सीर से लिखने की ज़रूरत है क्योंकि कुछ जाहिल मौलवी, ये साबित करने की बेहूदा कोशिश करते हैं कि इमाम अलैहिस्सलाम ने, खुदके नफ़ा के लिए सुलह की थी। माज़'अल्लाह।

वहीं कुछ जाहिल मौलवी ये भी साबित करने की कोशिश करते हैं कि, इमाम हसन अलैहिस्सलाम ने अबुल यज़ीद से सुलह इसलिए की थी क्योंकि वो नेक था, कुछ मौलवी तो यहाँ तक झूठा इल्ज़ाम लगाते हैं की इमाम हसन अलैहिस्सलाम ने बै'अत कर ली थी। माज़'अल्लाह। हालाँकि इसपर मैं पहले ही लिख चुका हूँ लेकिन फिर से बता दूँ, इमाम अली अलैहिस्सलाम हों या इमाम हसन अलैहिस्सलाम हों या फिर इमाम हुसैन अलैहिस्सलाम, इन तीनों को भले ही उम्मत ने ख़िलाफ़त से दूर रखना चाहा और खुद अपनी पसंद के ख़लीफ़ा बना लिए लेकिन

आईम्मा ए अहलेबैत अलैहिस्सलाम ने कभी किसी की बै'अत नहीं की। बहरहाल, अब हम सुलह ए हसन अलैहिस्सलाम के बारे में तफ़्सीर से बात भी करेंगे और अबुल यज़ीद के रवैये के बारे में भी जानने की कोशिश करेंगे।

हज़रत अली अलैहिस्सलाम को पहले तो ख़िलाफ़त नहीं करने दी गई, फिर जब आप ख़लीफ़ा बने तो खारजियों व नासबियों ने आपके ख़िलाफ़ कई तरह की साज़िश रचना शुरू कर दीं। अगर आप तारीख़ में देखें तो पाएँगे की ख़लीफ़ा बनने के बाद, मौला अली अलैहिस्सलाम का ज़्यादातर वक़्त तो जंग के मैदान में ही गुज़रा और फिर आपको धोखे से शहीद भी करा दिया गया।

आप अली अलैहिस्सलाम के बाद इमाम हसन अलैहिस्सलाम ने ख़िलाफ़त की लेकिन दौर व हालात वही थे। मुआविया लड़ने के लिए तैयार था और इमाम से ख़िलाफ़त छीन लेना चाहता था। करबला में तो 72 जाँनिसार मिल भी गए लेकिन तब हालात और भी सख़्त थे। इमाम अलैहिस्सलाम ने ये बात जान ली थी कि ये उम्मत हक़ का साथ देने तैयार नहीं तो जंग में सिवाय जान-माल के नुक़सान के और कुछ हासिल ना होगा। हज़ारों लोग बेवजह ही मारे जाएँगे और हक़ीक़ी दीन का इल्म रखने वाले भी शहीद कर दिए जाएँगे।

इमाम हसन अलैहिस्सलाम को जब अबुल यज़ीद की तरफ़ से सुलह का पैग़ाम मिला तो यूँ तो इमाम, हालात से बख़बर थे लेकिन फिर भी आपने लोगों से इस बारे में मशवरा किया कि जंग से फैसला करना चाहते हो या अपनी जानें अज़ीज़ रखते हो?, तब लोगों ने इमाम से कहा कि आप तो सुलह कर लें। इमाम पहले से ही जानते थे कि ये लोग साथ देने वालों में से नहीं।

25 रबी उल ऊला सन् 41 हिजरी को कूफा के नज़दीक़ दोनों तरफ़ के लोग जमा हुए और सुलहनामा तहरीर किया गया, जिस पर दोनों तरफ़ से दस्तख़त और गवाहियाँ दर्ज की गईं। उसके बाद, मुआविया अपने हक़ में खुलकर बै'अत लेने लगा और मोमिनों के अलावा सभी मुसलमानों ने उसकी बै'अत कुबूल कर ली। इस सुलहनामे की आठ शर्तें थीं, मैं उन सब पर थोड़ी तफ़्सीर से बात करूँगा।

1. मुआविया/माविया, किताब ए खुदा और सुन्नत ए रसूल पर अमल करेगा।

2. मुआविया को अपने बाद किसी को ख़लीफ़ा, नामज़द करने का हक़ ना होगा।

3. इराक़, हिजाज़ और यमन के लोगों को ख़्वाह वो किसी भी मज़हब से तआल्लुक़ रखते हों, हुकूमत की तरफ़ से अमान हासिल रहेगी और मुआविया को उनके गुज़िश्ता आमाल से कोई सरोकार न होगा और न किसी शख़्स पर ज़ुल्म व तशद्दुद करेगा।

4. मुआविया को ये हक़ हासिल ना होगा कि वो अपने आपको अमीरुल मोमिनीन या ख़लीफ़ातुल मुस्लिमीन कहलाए।

5. अमीरुल मोमिनीन हज़रत अली अलैहिस्सलाम की शान में जो नाज़ेबा कलिमात मस्जिदों व मिम्बरों से इस्तेमाल किए जाते हैं, उन्हें तर्क कर दिया जाएगा।

6. शियाने अली अलैहिस्सलाम जहाँ भी होंगे, उन्हें अमान होगी और मुआविया उन्हें सताने से बाज़ रहेगा।

7. जंग ए जमल व सिफ़्फ़ीन में हज़रत अली अलैहिस्सलाम की तरफ़ से शहीद होने वालों की औलादों में ख़िराज की रकम से दस लाख दिरहम तकसीम किए जाएँगे।

8. इमाम हसन अलैहिस्सलाम, इमाम हुसैन अलैहिस्सलाम और खानदान ए अहलेबैत के किसी शख़्स पर बिलएलान या मग़्फ़ी तौर पर किसी किस्म का जुल्म व सितम और जबरो तशद्दुद नहीं किया जाएगा और इस्लामी सरज़मीं पर किसी फ़र्द को ख़ौफ़ व हेरास के आलम में नहीं रखा जाएगा।

अब अगर हम ईमानदारी के साथ, सुलह की शर्तों और तारीख़ व हदीस को कुरआन की रौशनी में देखें तो पाएँगे की अबुल यज़ीद ने इनमें से एक भी शर्त पर अमल नहीं किया। सुलहनामे की पहली शर्त ही बताती है की अबुल यज़ीद कुरआन व सुन्नत ए रसूल के मुताबिक हुकूमत नहीं चलाता था। दूसरी शर्त थी की अबुल यज़ीद किसी को ख़लीफ़ा नामज़द नहीं करेगा लेकिन इसने तो अपने जीते जी ही यज़ीद पलीद के हक़ में बै'अत लेना शुरू कर दिया था।

तीसरी शर्त पर भी अमल नहीं किया गया और इसका जुल्म यूँ ही चलता रहा। चौथी शर्त में इमाम हसन अलैहिस्सलाम ने इसकी जगह बता दी की भले ही इसने ख़िलाफ़त छीन ली है लेकिन ये अमीर उल मोमिनीन

भी नहीं है और ना ही ख़लीफ़ातुल मुस्लिमीन ही है।

पाँचवीं शर्त ये बताती है कि इसके दौर में मौला अली अलैहिस्सलाम पर मिम्बरों से गालियाँ व लानत बरसाई जाती थीं और इसने सुलह की शर्त भी नहीं मानी और ये गालियाँ व लानतें करने का सिलसिला, दशकों तक चलता रहा। सहाबा को गाली ना दो कहने वाले मौलवी साहब, इस बात को छिपाते हैं कि मौला अली अलैहिस्सलाम को कौन गालियाँ बकता और बकवाता था?

छटवीं शर्त भी अबुल यज़ीद ने पूरी नहीं की लेकिन शियाने अली अलैहिस्सलाम को समझना चाहिए की इमामों ने हमसे कितनी मुहब्बत की है। शिया का मायना गिरोह होता है, यहाँ मसलक की बात नहीं। जो अली अलैहिस्सलाम की तरफ़ है, वो अली अलैहिस्सलाम का शिया है चाहे अहले तशय्यो जमात से हो या अहले सुन्नत वल जमात से हो।

सातवीं शर्त भी पूरी नहीं की गई लेकिन मरवानी मौलवियों ने इसे इमाम को बदनाम करने के लिए ज़रूर इस्तेमाल किया और शर्त पूरी ना बताकर बस इतना झूठ फैलाया कि इमाम ने पैसे देने की शर्त रखी ताकि लोग ये समझें की इमाम ने अपने लिए पैसे माँगे। झूठों पर अल्लाह की लानत हो। हालाँकि सच्चाई क्या है?, वो आप खुद, सातवीं शर्त पढ़कर समझ सकते हैं।

आठवीं शर्त पर क्या कहूँ, इमाम हसन अलैहिस्सलाम को ज़हर देकर शहीद करा दिया गया, हुसैन अलैहिस्सलाम का गला काटकर शहीद कर दिया गया, अहलेबैत के नन्हें से फूल, हज़रत अली असग़र पर भी रहम ना दिखाया गया और अहलेबैत की औरतों पर तक जुल्म ढाने की

बुनियाद रच दी गई। इसके अलावा, हुज्र बिन आदि, अम्मार बिन यासिर जैसे सहाबाओं का क़त्ल करवा दिया गया, शहीद कर दिया गया।

इस सुलह के ज़रिए इमाम अलैहिस्सलाम ने, दीन को किस तरह से नफ़ा पहुँचाया?, तो मेरे अपनों! सबसे बड़ा फायदा तो ये पहुँचाया की हक़ व बातिल को बेनक़ाब कर दिया। मुसलमानों में छिपे मुनाफ़िक़ीन को बेनक़ाब कर दिया। मुसलमानों को ये सबक दे दिया कि मौलवी चाहे सहाबा कहे चाहे आला, तारीख़ में किरदार ज़रूर देख लेना और परख़ लेना। इसके अलावा इमाम ने, मुआविया के गलत होने पर बार-बार उसकी मुख़ालिफ़त की और लोगों को बेदार करने की कोशिश की। सुलह करके आपने कई बेगुनाहों को जान-माल के नुक़सान से भी बचाया।

इस दौरान एक और बहुत बड़ा काम किया गया, इमाम अलैहिस्सलाम ने लोगों को हक़ीक़ी दीन सिखाया और सारी दुनिया में फैलाने का काम चालू किया ताकि दीन को बेचने वाले दुनिया परस्त ख़लीफ़ाओं के बिगाड़ के बावजूद भी इस्लाम अपनी असल सूरत में बाकि रह सके।

आज अगर दीन अपनी हक़ीक़ी सूरत में भी मौजूद है तो पंजतन पाक की मेहनतों और कुर्बानियों की वजह से ही है। यूँ तो आज भी चारों तरफ़ सिर्फ़ तख़्लीक़ी दीन ही नज़र आता है लेकिन हक़ीक़ी दीन आज भी मोमिनों के सीने में मौजूद है, एक दिन फैलेगा और सारे ज़माने पर छा जाएगा। अल्लाहु अकबर कसीरन कसीरा। अल्लाहुम्मा सल्ले अला मुहम्मद व अला आले मुहम्मद।

दीवान ए अबु तालिब

रसूल ए खुदा के चचा, मौला अली अलैहिस्सलाम के बाबा, फातिमा सलामुल्लाह अलैहा के ससुर, हसनैन करीमैन के दादा और तमाम सादात व औलाद ए अली के जद ए अम्ज़द, शेख अल बतहा, हज़रत इमरान, अबु तालिब के अश्शारों से भरी ये किताब ज़रूर पढ़ें।

अल्लाहुम्मा सल्ले अला मुहम्मद व अला आले मुहम्मद

कुछ और किताबें

आप इन किताबों को भी पढ़ सकते हैं।
अल्लाह आप सबको खुश रखे, इल्म हासिल करने वाला और तहक़ीक़
करने वाला बनाए।

अल्लाहुम्मा सल्ले अला मुहम्मद व अला आले मुहम्मद